ストレスチェック制度の実施手順

事業者による（...）

凡例
- 事業者
- 実施者
- 労働者
- 医師

衛生委員会での調（...）
① 目的の周知方法
② 実施体制（実施者等の明示）
③ 実施方法
④ 集団ごとの集計・分析の方法
⑤ 受験の有無の情報の取扱い
⑥ ストレスチェック結果の保存方法
⑦ ストレスチェック結果等の利用目的・利用方法
⑧ 情報の開示、訂正、追加、削除の方法
⑨ 情報の取扱いに関する苦情の処理方法
⑩ ストレスチェックを受けないことを選択できること
⑪ 不利益な取扱いの防止

労働者に説明・情報提供

医師等によるストレスチェック実施
（①ストレス原因　②心身の自覚症状　③周囲のサポート状況）

・結果を労働者に直接通知
・相談窓口について情報提供

結果を職場ごとに集団的分析

結果の事業者への通知に対する同意の有無の確認

セルフケアと相談窓口の利用

集団的分析結果を事業者に提供

【同意あり】事業者に結果通知

職場環境の改善のため活用

努力義務

面接指導の申出の勧奨

労働者から事業者へ面接指導の申出

事業者から医師へ面接指導実施の依頼

医師による面接指導実施

【必要に応じて】相談機関，専門医への紹介

医師から意見聴取

必要に応じ就業上の措置の実施

【全体の評価】ストレスチェックの面接指導の実施状況の点検・確認と改善事項の検討

労働基準監督署へ「検査結果等報告書」を提出

会社の実務担当者のための

ストレスチェック Q&A

これなら絶対にわかる！

社会保険労務士法人
トムズコンサルタント　河西 知一　監修

小宮 弘子　木村 健太郎　中山 祐介　著

泉文堂

は じ め に

　平成26年6月25日に公布された「労働安全衛生法の一部を改正する法律」（平成26年法律第82号）が平成27年12月1日から施行されることになりました。これによって，事業者は労働者の心理的な負担の程度を把握するための検査（＝「ストレスチェック」）を実施し，その結果に基づく面接指導の実施等が義務付けられることとなります。

　背景には，近年，仕事や職業生活に関して強い不安や悩みを抱える労働者が増え，国としても「労働者の心の健康の保持増進のための指針（メンタルヘルス指針）」を公表するなど，事業者によるメンタルヘルスケアの取組を促進してきたものの，依然，精神障害の発病により労災認定される労働者が増加の一途をたどっており，労働者のメンタルヘルス不調を未然に防止することが喫緊の課題となっていることがあげられます。

　これらの課題を受けて創設されたストレスチェック制度は，メンタルヘルスケアの取組の段階の中では「一次予防（労働者自身のストレスへの気付きおよび対処の支援ならびに職場環境の改善を通じてメンタルヘルス不調となることを未然に

防止する取組）」と位置づけられており，従来のメンタルヘルス指針に基づいて実施される「二次予防（メンタルヘルス不調を早期に発見し，適切な対応を行う取組）」および「三次予防（メンタルヘルス不調となった労働者の職場復帰を支援する取組）」を含めた一連のメンタルヘルスケアの取組を継続的かつ計画的に進めることが企業には求められることとなります。

　ストレスチェック制度の法制化にあたっては平成27年４月より省令（「労働安全衛生規則」），指針（「心理的な負担の程度を把握するための検査及び面接指導の実施並びに面接指導結果に基づき事業者が講ずべき措置に関する指針（ストレスチェック指針」），通達（「労働安全衛生法の一部を改正する法律の施行に伴う厚生労働省関係省令の整備に関する省令等の施行について」），マニュアル（「労働安全衛生法に基づくストレスチェック制度実施マニュアル」）が公表され，比較的早い段階から制度の周知が図られてきました。

　しかしながら，企業にとっては産業医を含めた社外関係者も巻き込み，また，事業場の組織体制としても必ずしも機能的であるとは言えない衛生委員会等での調査・審議など，実務的な観点からは制度の導入に際してはゴールが見通しにくい内容となっていることも事実だと思われます。

　本書ではストレスチェック制度の概要についての解説は簡素に抑え，弊社多数のクライアント企業様より問合せの多い実務面で想定されるQ&Aを中心に解説いたします。

　平成27年12月

　　　　社会保険労務士法人トムズコンサルタント
　　　　　　　　　代表社員　河西　知一

目　次

はじめに

概要解説 編

Q&A導入 編

Q&A運用 編

Q&A 労務管理 編

資 料 編

概要解説 編

1 ストレスチェック制度の目的

　ストレスチェック制度の目的は「メンタルヘルス不調の未然防止」です。ストレスチェック制度の創設により労働者にとっては気付きの機会を得ることで自身のセルフケアにつながり，事業者にとっては職場ごとの特徴を把握することにより職場環境の改善につながるといったメリットが期待できます。

　労使双方がメンタルヘルス不調の未然防止に取り組むことが制度の目的であるため，ストレスチェックをメンタルヘルス不調となっている者を探し出すような手段として用いるべきではありません。

・　検査（ストレスチェック），結果の通知を通して労働者自身のストレスの状況について気付きを促すことでストレスを低減させる
・　ストレスチェック結果を集団ごとに集計・分析・評価することで職場環境の改善につなげる

↓さらに・・・

ストレスの高い者を医師による面接指導につなげることで労働者のメンタルヘルス不調を未然に防止する

2 ストレスチェック制度で事業者に課される取組内容と手順

<見返し部分「ストレスチェック制度の実施手順」参照>

義務	① 衛生委員会等でストレスチェック制度の実施方法等の調査審議を行い，実施方法等に関する規程を策定する
	② １年以内ごとに１回，医師等によるストレスチェックを実施する（事業者による費用負担）
	③ 実施者から結果を直接本人に通知させる
	④ 高ストレス者として選定され，面接指導を受ける必要があると実施者が認めた者から申出があった場合に医師による面接指導を実施する（事業者による費用負担）
	⑤ 面接指導を実施した医師から就業上の措置に関する意見を聴取する
	⑥ 医師の意見を勘案し，必要に応じて適切な措置を講じる
努力義務	① 実施者にストレスチェック結果を一定規模の集団ごとに集計・分析させる
	② 集団ごとの集計・分析結果を勘案し，必要に応じて適切な措置を講じる

　ストレスチェック制度の法制化に伴い，事業者は上記の内容について制度を運用していくことが求められることになります。すでにこれまでもメンタルヘルスケアの取組として，労働者のストレスの程度を測る検査等を自主的に実施してきた事業場についても，法制化により上記の内容を含んだものに改める必要があります。

3 ストレスチェック制度の特徴

	ストレスチェック制度	定期健康診断
①目的	メンタルヘルス不調の未然防止	メンタルヘルス不調の早期発見と適切な対応
②実施者	医師等	医師
③労働者の受検（受診）義務	義務ではない	義務
④事業者への結果通知	労働者個別の同意が必要	同意不要

① 目 的

　定期健康診断の目的が早期発見，処置（二次予防）であるのに対して，ストレスチェック制度はメンタルヘルス不調の未然防止（一次予防）を目的としています。

② 実施者

　ストレスチェックを実施する『医師等』とは，医師，保健師または厚生労働大臣が定める研修を修了した看護師(※)もしくは精神保健福祉士(※)をいいます。

※看護師，精神保健福祉士については改正法施行の前日以前に3年以上の労働者の健康管理等の業務従事経験を有する場合，厚生労働大臣が定める研修の受講は免除されます。

　ただし，事業場内の者が実施者となる場合に医師等に該当する者であっても，部下に対する人事権を有する者の場合，ストレスチェックを実施することができません。

③　労働者の受検義務

　事業者には実施義務があるものの，労働者には受検義務がありません。これは，既にメンタルヘルス不調による治療等の二次予防のステージに進んでいる者に対して更なる負担を強いることを避けるための配慮が理由となっています。

　これらの者を除き，基本的には全労働者が受検することが望ましいとされており，事業者は実施者から受診者のリスト等を取り寄せるなどにより，未受検の者に対して受検を勧奨することは差支えありません。ただし，受検をしないことを理由とし人事上の不利益な取扱いを行うことは禁止されています。

④　事業者への結果通知

　ストレスチェック実施後の結果は実施者から直接労働者本人に通知されます。健康診断の結果と異なりこの結果については事業者への提供について個々の労働者から同意を得なければ，事業者が入手することはできません。

4 ストレスチェック制度の体制と役割

事業者

- ・ストレスチェック制度の実施責任
- ・基本方針の決定

ストレスチェック制度担当者

（衛生管理者，事業場内メンタルヘルス推進担当者など）

- ・ストレスチェック制度の実施計画の策定
- ・実施の管理等

実施者

（産業医，EAP業者など）

- ・ストレスチェックの実施（企画および結果の評価）
- ・面接指導の実施（※医師のみ）

指示

実施事務従事者

（産業保健スタッフ，事務員など）

- ・実施者の補助（調査票の回収，データ入力等）

「実施の事務」

「事業者」

　労働安全衛生法の事業場を単位として労働者を使用する者を指します。

　あくまでもストレスチェック制度の実施責任は実施者ではなく，事業者にあります。

　なお，今般ストレスチェックの実施が義務付けられる事業者は，常時50人以上の労働者を使用する事業者となります。

「ストレスチェック制度担当者」

　事業者に課されたストレスチェック制度を実施するにあたり，自事業場におけるストレスチェック制度の設計，実施計画の策定，実施管理，実施者との連絡調整，労働者への案内等の実務を担当する者（ストレスチェック制度担当者）を事業者が指名します。

「実施者」

　自事業場のストレスチェックを実施する『医師等』を指し，事業場で選任されている産業医が最も望ましいとされていますが，産業医以外であっても『医師等』であれば実施者となることができます。

　ストレスチェックの実施者は，次の事項を直接行う必要があります。

① 事業者がストレスチェックの調査票を決定するにあたり，専門的な見地から意見を述べること。
② 事業者が高ストレス者を選定する基準や評価方法を決定するにあたり，専門的な見地から意見を述べること。
③ 個人のストレスの程度の評価結果に基づき，医師による面接指導を受けさせる必要があるかどうかを判断すること。

　また，実施者は，必要に応じて実施事務従事者に指示して，次の事項を行うようにします。

① 個人のストレスチェック結果について記録を作成すること。
② 個人のストレスチェック結果を当該労働者に通知すること。
③ 個人のストレスチェック結果を集団的に分析し，その結果を事業者に提供すること。
④ 高ストレス者のうち面接指導が必要と評価された労働者に対し医師による面接指導の申出を行うように勧奨すること。

「実施事務従事者」

　事業者は，調査票の回収，集計もしくは入力，受検者との連絡調整などの『実施の事務』を円滑に行うため，実施事務従事者を選任することができます。実施事務従事者は外部実施機関の者や事業者側の労働者からも選任することができますが，ストレスチェック結果等の個人情報を取り扱うことになるため，実施者と共に守秘義務が課されています。

『実施の事務』の留意点

事業者側の労働者に「実施の事務」に従事させる場合，ストレスチェックの結果が労働者の意に反して人事上の不利益な取扱いに利用されることがないよう，受検労働者の人事に関して直接の権限を持つ者はストレスチェックの実施の事務に従事することはできません。

実施の事務にあたるもの（例）	・調査票の回収（※），内容の確認，データ入力，評価点数の算出等のストレスチェック結果を出力するまでの労働者の健康情報を取り扱う事務 ・結果の封入等のストレスチェック結果を出力した後の労働者に結果を通知するまでの健康情報を取扱う事務 ・結果の労働者への通知（※）の事務 ・面接指導を受ける必要があると実施者が認めた者に対する面接指導の申出勧奨 ・結果の集団ごとの集計に係る労働者の健康情報を取扱う事務 （※）封筒に封入されている等，内容を把握できない状態になっているものを回収または封入する事務は除きます。
実施の事務にあたらないもの（例）	・事業場におけるストレスチェックの実施計画の策定 ・ストレスチェックの実施日時や実施場所等に関する実施者との連絡調整 ・ストレスチェックの実施を外部機関等に委託する場合の契約等に関する連絡調整 ・ストレスチェックの実施計画や実施日時等に関する労働者への通知 ・調査票の配布 ・ストレスチェックを受けていない労働者に対する受検の勧奨

5 衛生委員会等での調査審議事項

　事業者は，事業場におけるストレスチェック制度の導入前に，ストレスチェックの実施方法について衛生委員会等にて次の事項に関する調査審議を行った上で，ストレスチェック制度の実施に関する規程を定め，あらかじめ労働者に周知する必要があります。

①	ストレスチェック制度の目的に係る周知方法
②	ストレスチェック制度の実施体制
③	ストレスチェック制度の実施方法
④	ストレスチェック結果に基づく集団ごとの集計・分析の方法
⑤	ストレスチェックの受検の有無の情報の取扱い
⑥	ストレスチェック結果の記録の保存方法
⑦	ストレスチェック，面接指導および集団ごとの集計・分析の結果の利用目的および利用方法
⑧	ストレスチェック，面接指導および集団ごとの集計・分析に関する情報の開示，訂正，追加および削除の方法
⑨	ストレスチェック，面接指導および集団ごとの集計・分析に関する情報の取扱いに関する苦情の処理方法
⑩	労働者がストレスチェックを受けないことを選択できること
⑪	労働者に対する不利益な取扱いの防止

＜巻末資料：「ストレスチェック制度実施規程例」（厚生労働省HP）＞

6 使用する調査票

　ストレスチェックに用いる調査票は，次の３つの領域が含まれていれば，事業者が任意に策定できることとされています。

> ➤ 「ストレス原因」
>   職場における労働者の心理的な負担の原因に関する項目
> ➤ 「心身の自覚症状」
>   心理的な負担による心身の自覚症状に関する項目
> ➤ 「周囲のサポート状況」
>   職場での他の労働者による支援に関する項目

　これらの項目が含まれていれば，事業者独自の調査票を使用することもできます（指針においては，「職業性ストレス簡易調査票」を用いることが望ましいとされています）。

　なお，ストレスチェックの目的から外れるため，調査票の質問項目に「性格検査」や「適正検査」を含めることは不適当とされており，「希死念慮」や「自傷行為」に関する項目は，事業者として対応体制が不十分である場合には検査項目に含めるべきではないとされています。

職業性ストレス簡易調査票（57項目）

A　あなたの仕事についてうかがいます。最もあてはまるものに〇を付けてください。

	そうだ	まあそうだ	ややちがう	ちがう
1. 非常にたくさんの仕事をしなければならない	1	2	3	4
2. 時間内に仕事が処理しきれない	1	2	3	4
3. 一生懸命働かなければならない	1	2	3	4
4. かなり注意を集中する必要がある	1	2	3	4
5. 高度の知識や技術が必要なむずかしい仕事だ	1	2	3	4
6. 勤務時間中はいつも仕事のことを考えていなければならない	1	2	3	4
7. からだを大変よく使う仕事だ	1	2	3	4
8. 自分のペースで仕事ができる	1	2	3	4
9. 自分で仕事の順番・やり方を決めることができる	1	2	3	4
10. 職場の仕事の方針に自分の意見を反映できる	1	2	3	4
11. 自分の技能や知識を仕事で使うことが少ない	1	2	3	4
12. 私の部署内で意見のくい違いがある	1	2	3	4
13. 私の部署と他の部署とはうまが合わない	1	2	3	4
14. 私の職場の雰囲気は友好的である	1	2	3	4
15. 私の職場の作業環境（騒音、照明、温度、換気など）はよくない	1	2	3	4
16. 仕事の内容は自分にあっている	1	2	3	4
17. 働きがいのある仕事だ	1	2	3	4

B　最近1か月間のあなたの状態についてうかがいます。最もあてはまるものに〇を付けてください。

	ほとんどなかった	ときどきあった	しばしばあった	ほとんどいつもあった
1. 活気がわいてくる	1	2	3	4
2. 元気がいっぱいだ	1	2	3	4
3. 生き生きする	1	2	3	4
4. 怒りを感じる	1	2	3	4
5. 内心腹立たしい	1	2	3	4
6. イライラしている	1	2	3	4
7. ひどく疲れた	1	2	3	4
8. へとへとだ	1	2	3	4
9. だるい	1	2	3	4
10. 気がはりつめている	1	2	3	4
11. 不安だ	1	2	3	4
12. 落着かない	1	2	3	4

		1	2	3	4
13.	ゆううつだ	1	2	3	4
14.	何をするのも面倒だ	1	2	3	4
15.	物事に集中できない	1	2	3	4
16.	気分が晴れない	1	2	3	4
17.	仕事が手につかない	1	2	3	4
18.	悲しいと感じる	1	2	3	4
19.	めまいがする	1	2	3	4
20.	体のふしぶしが痛む	1	2	3	4
21.	頭が重かったり頭痛がする	1	2	3	4
22.	首筋や肩がこる	1	2	3	4
23.	腰が痛い	1	2	3	4
24.	目が疲れる	1	2	3	4
25.	動悸や息切れがする	1	2	3	4
26.	胃腸の具合が悪い	1	2	3	4
27.	食欲がない	1	2	3	4
28.	便秘や下痢をする	1	2	3	4
29.	よく眠れない	1	2	3	4

C　あなたの周りの方々についてうかがいます。最もあてはまるものに〇を付けてください。

		非常に	かなり	多少	全くない
次の人たちはどのくらい気軽に話ができますか？					
1.	上司	1	2	3	4
2.	職場の同僚	1	2	3	4
3.	配偶者、家族、友人等	1	2	3	4
あなたが困った時、次の人たちはどのくらい頼りになりますか？					
4.	上司	1	2	3	4
5.	職場の同僚	1	2	3	4
6.	配偶者、家族、友人等	1	2	3	4
あなたの個人的な問題を相談したら、次の人たちはどのくらいきいてくれますか？					
7.	上司	1	2	3	4
8.	職場の同僚	1	2	3	4
9.	配偶者、家族、友人等	1	2	3	4

D　満足度について

		満足	まあ満足	やや不満	不満
1.	仕事に満足だ	1	2	3	4
2.	家庭生活に満足だ	1	2	3	4

7 ストレスの程度の評価・高ストレス者の選定

> **事業者**
> ・ストレスチェック結果の評価方法や基準・高ストレス者の選定方法や基準を実施者の意見や衛生委員会等での調査・審議を踏まえ決定する。
>
> **実施者**
> ・定められた評価方法により個々人の結果の評価を行う。

　ストレスチェックに基づくストレスの程度の評価は点数化した結果だけではなく，ストレスの状況をレーダーチャート等を用いて分かりやすく示す方法が望ましいとされています。

　高ストレス者の選定方法は次の①または②の要件を満たす者を高ストレス者として選定しなければならず，具体的な基準は事業者が決定することとなります。

> ① 「心身の自覚症状」の評価点数の合計が高い者
>
> ② 「心身の自覚症状」の評価点数の合計が一定以上の者で，かつ「ストレス原因」および「周囲のサポート状況」の評価点数の合計が著しく高い者

　なお，「職業性ストレス簡易調査票」を使用する場合には，上位10％が高ストレス者となるような数値基準が作成されています。

　実施者は，高ストレス者を含む全受検者について医師による面接指導を受ける必要があるかどうかの確認を行います。

8 結果の通知

　実施者は，個人のストレスチェック結果を他の者が目にすることができない方法で直接労働者に通知します。通知する内容は次のとおりとなっており，通知封筒などから医師による面接指導の要否などが他の者から類推されることが無いような配慮が必要です。

義務	▶個人ごとのストレスの特徴や傾向を数値，図表等で示したもの（調査票の3領域について項目ごとの点数） ▶高ストレスに該当するか ▶面接指導の要否
望ましい	▶労働者によるセルフケアに関する助言・指導 ▶（面接指導の対象者）事業者への面接指導の申出窓口および申出方法 ▶面接指導の申出窓口以外のストレスチェック結果について相談できる窓口の情報提供

○ストレスチェック結果通知シートの例

ストレスチェックの結果通知

●● 殿　　社員番号××××
実施年月日：平成○年○月○日

あなたのストレスプロフィール

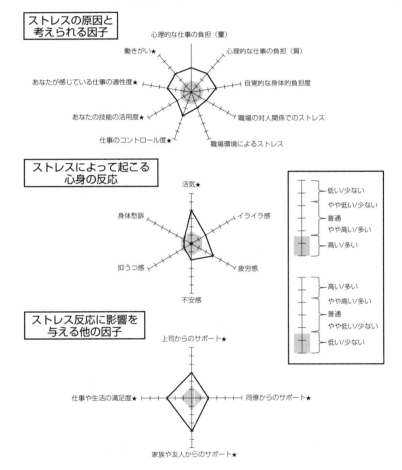

ストレスの原因と
考えられる因子

心理的な仕事の負担（量）
心理的な仕事の負担（質）
働きがい★
自覚的な身体的負担度
あなたが感じている仕事の適性度★
職場の対人関係でのストレス
あなたの技能の活用度★
職場環境によるストレス
仕事のコントロール度★

ストレスによって起こる
心身の反応

活気★
身体愁訴
イライラ感
抑うつ感
疲労感
不安感

低い/少ない
やや低い/少ない
普通
やや高い/多い
高い/多い

高い/多い
やや高い/多い
普通
やや低い/少ない
低い/少ない

ストレス反応に影響を
与える他の因子

上司からのサポート★
仕事や生活の満足度★
同僚からのサポート★
家族や友人からのサポート★

16

<評価結果（点数）について>

項目	評価点（合計）
ストレスの要因に関する項目	○○点
心身のストレス反応に関する項目	○○点
周囲のサポートに関する項目	○○点
合計	○○点

<あなたのストレスの程度について>

あなたはストレスが高い状態です（高ストレス者に該当します）。

> セルフケアのためのアドバイス
>
> ・・・・・・・・・・・・・・・・・・・・・・・・・・
> ・・・・・・・・・・・・・・・・・・・・・・・・・・

<面接指導の要否について>

医師の面接指導を受けていただくことをおすすめします。

以下の申出窓口にご連絡下さい。

○○○○（メール：＊＊＊＊＠＊＊＊＊　電話：＊＊＊＊-＊＊＊＊）

※面接指導を申出した場合は、ストレスチェック結果は会社側に
　提供されます。また、面接指導の結果、必要に応じて就業上の
　措置が講じられることになります。

※医師の面接指導ではなく、相談をご希望の方は、下記までご連
　絡下さい。

○○○○（メール：＊＊＊＊＠＊＊＊＊　電話：＊＊＊＊-＊＊＊＊）

ストレスチェック実施者 産業医○○○○

9 事業者への結果の提供についての同意取得

定期健康診断と異なり，実施者が把握する各労働者のストレスチェック結果は，労働者個別の同意を得ない限り，事業者に通知することはできません。また，この同意は書面または電磁的記録による方法により取得しなければなりません。

なお，同意の取得の時期は，本人にストレスチェック結果を通知した後である必要があります。

× 実施前（実施前にメールで確認等）

× 実施時（調査票に同意のチェック欄を設ける等）

○ 結果を個人に通知後

× 同意しない旨の申出がない限り同意したものとみなす

実務的には労働者への結果通知時に面接指導の申出窓口の案内を行い，労働者からの申出をもって同意とみなすことで，スムーズな面接指導への移行をはかることができると思われます。

ただし，この方法に限った同意取得では，面接指導対象者以外の労働者について事業者が結果の提供を受けることができないため，面接指導対象者以外の労働者についても結果の提供について同意を得る手段を衛生委員会等で審議のうえ検討する必要があるでしょう。

　実施者から事業者へ提供できる情報の範囲については，労働者に通知する情報と同じ範囲内である必要があります。この範囲内であれば，衛生委員会等で審議のうえ，例えば面接指導対象者かどうかの情報のみとすることもできますし，極端な場合，個々の労働者の結果の把握は行わないこととすることもできます。

10 医師による面接指導

　ストレスチェックの結果，高ストレス者として選定され，面接指導を受ける必要があると実施者が認めた労働者（面接指導対象者）から申出があった場合は，医師による面接指導をしなければなりません。

　指針においては，労働者から事業者への医師による面接指導の申出は，結果の通知から1ヵ月以内とされています。実務的には1ヵ月を超えてしまった後の申出に対しても事業者としては対応すべきですが，面接指導の効果も鑑みると申出の期限を結果の通知に明記するなどの対応が効果的です。

　なお，面接指導対象者のうち，申出を行わない労働者に対しては申出の勧奨を行うことが望ましいとされています（ただし，申出の勧奨を行うことができるのは実施者に限ります）。

　面接指導の申出を受けた事業者は，面接指導を行う医師を決定し，日時や場所の調整を行います。

　医師は，原則対面で次の事項について医学的見地から面接指導を実施します。

---

① 　保健指導
・　ストレス対処技術の指導
・　ストレスへの気付きとセルフケアの指導
② 　（必要に応じて）
・　専門機関の受診の勧奨と紹介

　事業者は適切な面接指導が行われるよう，あらかじめ面接指導を実施する医師に対して，その労働者の労働時間，労働密度，深夜業の回数や深夜労働時間数，作業態様や作業負荷の状況，職場環境等に関する情報を提供します。

　面接指導を行う医師は，事業場で選任された産業医や事業場において産業保健活動を行う医師が望ましいとされております（労働者が50人未満の事業場において面接指導を実施する場合には産業保健総合支援センターの地域窓口を利用することが可能です）。

11　面接指導の結果についての意見聴取

　事業者は，面接指導の結果に基づき医師から必要となる就業上の措置について意見聴取を行わなければなりません。必ずしも面接指導を行った医師から聴取することまでは定められていないものの，面接指導を行った医師であることが望ましいことは言うまでもありません。

　聴取する意見の内容は，次の事項を含む必要があります。

ア）就業区分およびその内容に関する医師の判断

就業区分		就業上の措置の内容
区分	内容	
通常勤務	通常の勤務でよいもの	
就業制限	勤務に制限を加える必要があるもの	（未然防止のため）労働時間の短縮，出張の制限，時間外労働の制限，労働負荷の制限，作業の転換，就業場所の変更，深夜業の回数減少または昼間勤務への転換
要休業	勤務を休む必要があるもの	（療養等のため）休暇または休職等により一定期間勤務させない措置

イ）（必要に応じ）職場環境の改善に関する意見

　事業者は，医師から聴取した意見を勘案し，必要があると認められる場合は適切な就業上の措置を講じるとともに，衛生委員会に医師の意見を報告する必要があります。

ストレスチェックから事後措置までの流れ

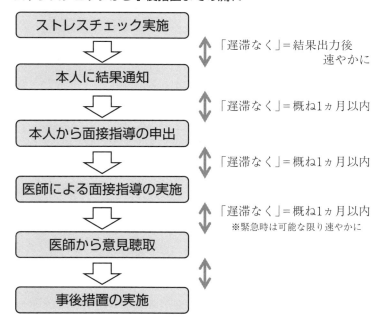

12 集団ごとの集計・分析【努力義務】

　事業者は，実施者に個人のストレスチェックの結果を一定規模の集団ごとに集計させ，その結果について分析させるように努めなければなりません。

　集団ごとの集計・分析については義務とまではされていないものの，ストレスチェック制度の目的である「職場環境の改善によりメンタルヘルス不調を未然に防止する」という観点からは分析結果を活用し，改善につなげるべきです。

集計・分析を行う者：実施者（ストレスチェックを実施した医師等）	
一定規模の集団　　：職場環境を共有し，かつ業務内容について一定のまとまりをもった部，課など	
※事業者が職場の実態に応じて判断します	

　事業者はこの分析結果を勘案して必要が認められる場合には適切な措置を講ずるように努めなければなりません。

　この集団ごとの集計・分析結果から，部署ごとの高ストレス者の分布などが明らかになり，部署ごとの負担の度合いや支援の状況をストレス低減にむけた改善を効果的に実施することができます。

　なお，ストレスチェックに「職業性ストレス簡易調査票」を使用した場合には，集計・分析の具体的な方法として，「仕事のストレス判定図」を利用することが適当とされてい

ます。

※集団ごとの集計・分析結果は，個人ごとの結果が特定されないため，提供を受けるにあたり労働者の同意は必要ありませんが，集計・分析の単位が10人未満の場合は個人が特定される恐れがあるため，対象となる集団全員の同意を得なければ結果の提供を受けることができません（この10人とは，集団の人数ではなく，実際にストレスチェックを受検した労働者数で判断します）。

◆「仕事のストレス判定図」（厚生労働省HP）

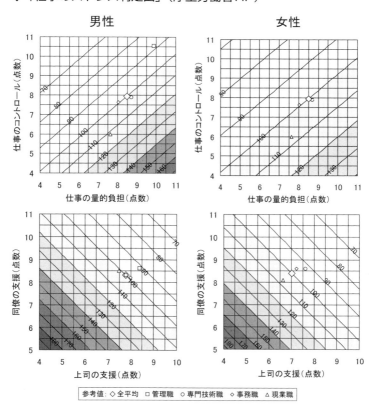

参考値: ◇ 全平均　□ 管理職　○ 専門技術職　◇ 事務職　△ 現業職

13　結果の記録・保存

1）ストレスチェックの結果

　個人のストレスチェックの結果は，事業者が実施者または実施事務従事者に厳密な管理のもと保存させる必要があります。

―保存が必要な記録―
① 個人ごとのストレスチェックの各項目の数値データはまたはストレスプロフィールそのもの
② ストレスの程度（高ストレスに該当するか）
③ 面接指導の対象者か否かの判定結果
④ 結果の事業者への提供の同意にかかる記録
　※ストレスチェック調査票の原本の保存は必要ありません。

本人が同意し，事業者に提供されたストレスチェック結果	事業者が5年保存（義務）
本人が同意せず，実施者が保有するストレスチェック結果	実施者が5年保存（望ましい）（事業者は保存が適切に行われるよう必要な措置）

　保存は紙媒体，電磁的媒体どちらの方法でも可能ですが，施錠されたキャビネットやシステムへのログインパスワードの管理など，事業者を含めた第三者が結果を見ることができない措置が必要となります。

２）面接指導の記録

　事業者は，労働者が医師による面接指導を行った場合は，その結果を５年間保存することが義務付けられています。

―記録に記載しなければならない事項―
① 　面接指導の実施年月日
② 　労働者の指名
③ 　面接指導を行った医師の指名
④ 　労働者の勤務の状況
⑤ 　労働者の心理的な負担の状況
⑥ 　その他の労働者の心身の状況
⑦ 　労働者の健康を保持するために必要な措置についての意思の意見
　※上記①〜⑦の事項が記載されていれば，医師からの報告をそのまま保存すれば足ります。

３）集団ごとの集計・分析結果

　集団ごとの集計・分析結果の保存については義務ではないものの，職場のストレスの状況の経年変化の把握・分析も重要であるため，事業者が５年間保存することが望ましいとされています。

14 労働基準監督署への実施状況報告

　ストレスチェックの実施が義務づけられる事業者は，医師による面接指導の実施後に，ストレスチェックの実施状況を事業場の所轄労働基準監督署に「検査結果等報告書」を提出しなければなりません。

　報告書の提出は1年以内ごとに1回となっており，時期は事業場ごとに任意に設定して差支えありません。

　なお，「検査実施年月」欄は，実施最終月を記載します。

「心理的な負担の程度を把握するための検査結果等報告書」

■ 様式第6号の2（第52条の21関係）（表面）

心理的な負担の程度を把握するための検査結果等報告書

8 0 5 0 1	労働 保険 番号			

対象年	7:平成 → 元号 [ ][ ] 年分 1-9年は右詰	検査実施年月	7:平成 → 元号 [ ][ ][ ][ ] 月 1-9年は右／1-9月は右
事業の 種 類		事業場の名称	
事業場の 所在地	郵便番号（　　　　）	電話　　（　　）	

		在籍労働者数	[ ][ ][ ][ ] 人 右に詰めて記入する
検査を実施した者	□ 1：事業場選任の産業医 2：事業場所属の医師（1以外の医師に限る。）、保健師、看護師又は精神保健福祉士 3：外部委託先の医師、保健師、看護師又は精神保健福祉士	検査を受けた 労働者数	[ ][ ][ ][ ] 人 右に詰めて記入する
面接指導 を実施した医師	□ 1：事業場選任の産業医 2：事業場所属の医師（1以外の医師に限る。） 3：外部委託先の医師	面接指導を 受けた労働者数	[ ][ ][ ][ ] 人 右に詰めて記入する
集団ごとの分析の 実施の有無	□ 1：検査結果の集団ごとの分析を行った 2：検査結果の集団ごとの分析を行っていない		

折り曲げる場合は、（◄）の所を谷に折り曲げること

産 業 医	氏　名	㊞
	所属医療機関の 名称及び所在地	

　　　年　　　月　　　日

　　　　　　　事業者職氏名

　　　　　　労働基準監督署長殿　　　　　　　　㊞

受 付 印

15 労働者に対する不利益な取扱いの防止

ストレスチェック制度では，事業者が把握した健康情報等に基づき，健康の確保に必要な範囲を超えた労働者に対する次のような不利益な取扱いが禁じられています。これらは表面的なものではなく，実質的にこれらに該当するとみなされる場合についても同様に禁止されます。

面接指導を受ける必要があると認められた労働者が，面接指導の申出を行ったことを理由とした不利益な取扱い
まだ面接指導を受けていない時点では就業上の措置の要否や内容を判断することはできないため，ストレスチェックの結果のみを理由とした不利益な取扱い
ストレスチェックを受検しないことを理由とした不利益な取扱い
ストレスチェック結果を事業者に提供することに同意しない労働者への，これを理由とした不利益な取扱い
面接指導の要件を満たしているにもかかわらず，面接指導の申出を行わない労働者への，これを理由とした不利益な取扱い
面接指導結果を理由とした不利益な取扱い ・医師による面接指導や意見聴取等の法令上求められる手順に従わず不利益な取扱いを行うこと ・措置の実施にあたり，医師の意見とはその内容・程度が著しく異なる等医師の意見を勘案し必要と認められる範囲内となっていないものまたは労働者の実情が考慮されていないもの等の法令上求められる要件を満たさない内容の不利益な取扱いを行うこと

・面接指導の結果を理由として次の措置を行うこと
　① 　解雇すること
　② 　期間を定めて雇用される者について契約更新をしないこと
　③ 　退職勧奨を行うこと
　④ 　不当な動機・目的をもってなされたと判断されるような配
　　置転換または職位（役職）の変更を命じること
　⑤ 　その他労働契約法等の労働関係法令に違反する措置を講じ
　　ること

Q&A導入 編

【ストレスチェックの実施期限】

Q1 ストレスチェック制度の義務化に伴い，事業者として最低限いつまでに，何をしなければならないのでしょうか。

A1 平成27年12月1日の法改正施行後，1年以内（平成28年11月30日まで）にストレスチェックの実施まで（結果通知や医師による面接指導の実施までは含みません）を最低限行う必要があります。

導入初年度のスケジュール感としては，衛生委員会等での調査審議や労働者への周知等を6月頃までに済ませた上で，平成28年7月頃～10月にストレスチェックを実施するような工程で検討を進めるのが良いかもしれません。

時季を検討する上では，定期人事異動直後や，業務の繁閑の時季は「ストレスの程度を把握する」観点からは結果の信ぴょう性に欠けることが想定され，避けるべきです。

なお，定期健康診断と同時に実施することも可能ですが，定期健康診断の問診票と，ストレスチェックの調査票を区別する必要があり，受診・受検義務の有無も異なるため，それぞれが異なるものであることを認識できるような対応が必要となります。

【実施が義務付けられる事業所と労働者】

> **Q2** ストレスチェックの実施が義務付けられる
> 事業所と労働者は

A2 　ストレスチェックの実施が義務付けられる「常時50人以上の労働者を使用する事業場」の「労働者」とは「職業の種類を問わず，事業又は事務所に使用される者で，賃金を支払われる者」とされており，パートタイマーや日雇労働者も含めて算出することになります。また，通達では派遣受入労働者も含めて算出するものとされています（衛生管理者や産業医の選任要件と同じとなります）。

　では企業内に「常時50人以上の労働者を使用する事業場」と「それ以外の事業場」がある場合にはどうすればよいのでしょうか？

　この場合，法令上は「常時50人以上の労働者を使用する事業場」でのみストレスチェックを実施すれば足りることにはなりますが，実務上は全事業場を実施対象とすることが適切な対応であることは言うまでもありません。

　なお，労働者派遣事業者の場合，派遣元がストレスチェックの実施が義務付けられる事業所となるか否かは，雇用契約を結んでいる派遣労働者数で判断することになるため，どの派遣先に何人の労働者を派遣しているかでは判断しません。

次に，ストレスチェックの実施対象となる労働者は，定期健康診断の実施が義務付けられている労働者と同様，次の①，②のいずれも満たす労働者となっています。

① 期間の定めのない契約により使用される者または1年以上使用されることが予定されている者および1年以上使用されている者
② 所定労働時間が通常の労働者の3／4以上の者

　これらの要件を勘案し，誰をストレスチェックの対象者とするかについて衛生委員会等で審議することになります。

【ストレスチェックとは】

Q 3 　厚生労働省HPにある「こころの耳（5分でできる職場のストレスチェック）」や，計測機器を使用しての計測など，ストレスを図る手段は様々あるようですが，今回の法改正で義務づけられるストレスチェックとはどのようなものを指すのでしょうか。

A 3 　今般の安衛法改正により実施が義務付けられることとなったストレスチェック制度とは，労働者がセルフチェックを行う類の行為を指すものではなく，調査票（電子媒体を含みます）を用いて，「職場のストレス要因」，「心身のストレス反応」，「周囲のサポート」の3領域に関する項目により検査を行い，労働者のストレスの程度を点数化して評価することで高ストレス者を選定したり，医師による面接指導や集団ごとの集計・分析に繋げる一連の流れを指します。

　種々の方法によりストレスの程度を測定することを妨げることはありませんが，これらは法に基づくストレスチェックには該当しません。

【派遣先でのストレスチェック実施】

Q4 派遣元が派遣労働者にストレスチェックを実施する場合，派遣先で実施したストレスチェックの結果を入手することで足りるのでしょうか。

A4 派遣労働者に対するストレスチェックの実施義務は派遣元にあるため，派遣先から結果の提供を受けるだけではストレスチェックを実施したものとはみなされません。

なお，派遣先の結果を利用する場合には，派遣元が派遣先にストレスチェックの実施を委託し，派遣元が実施費用を負担する必要があります。

【複数事業所での運用】

> **Q5** ストレスチェック実施の対象となる複数の事業場を有していますが，全社で画一的な実施体制とすることを検討しているため，各々の事業場での衛生委員会等の審議は割愛できないでしょうか。

A5 ストレスチェック制度の規定は安衛法に定められたものであり，事業場を単位として適用されます。ただし，全社共通のルールを本社等の全社を統括する組織において審議を行ったうえで定め，各事業場で統一された運用を行うといった実施方法も可能です。

ただし，このような場合でも全社統一のルールについて各事業所の衛生委員会等において確認し，各々の事業場の労働者に周知することが必要となります。

また，法令の適用は各事業場単位となるため，実施状況の報告についても各々の事業所を管轄する労働基準監督署に対して行う必要があります。なお，他の事業場が選任している産業医等を実施者としてストレスチェックを実施した場合には，労働基準監督署へ提出する「検査結果等報告書」中の「検査を実施した者」は「3．外部委託先の医師，保健師，看護師，精神保健福祉士」として記入します。

【規程の作成義務】

Q6 ストレスチェック制度の規程は作成しなければならないのでしょうか。

A6 指針においては衛生委員会等での調査審議を踏まえ事業場におけるストレスチェック制度の規程を定め，あらかじめ労働者に周知するよう定められており，「規程」という名称であることまでは要しませんが，明文化が必要となります。

ストレスチェック制度は定期健康診断と違い，労働者が能動的に検査を受けるため，制度の目的や検査実施時の心構え，検査情報の取扱いなどが労働者に正しく理解されないことで，効果が半減することも考えられます。

事業場におけるストレスチェック制度のルールブックである規程を作成し，周知する手段として活用すべきです。

なお，この規程は就業規則には該当しないため，労働基準監督署への届出は不要です。

【事業者の費用負担】

Q7 ストレスチェックの実施に要する費用は，どこまで事業者が負担しなければならないのでしょうか。

A7 ストレスチェックの実施に要する費用，医師による面接指導に要する費用については事業者が負担しなければなりません。

一方で，ストレスチェックの実施や医師による面接指導に要した時間の賃金については，支払いが義務付けられているものではなく，労使で協議して決めることになりますが，労働者の健康の確保が事業の円滑な運営の不可欠な条件であることを考えると，支払うことが望ましいとされています。

なお，ストレスチェックの実施が努力義務とされている事業場については，一定の要件を満たす場合に厚生労働省の産業保健活動総合支援事業の一環である『「ストレスチェック」実施促進のための助成金』を受けることができます。

【ストレスチェック実施プログラム】

Q 8 厚生労働省が提供する「ストレスチェック実施プログラム」を利用する場合に留意点はありますか。

A 8 厚生労働省では，今般のストレスチェック制度を円滑に導入・実施できるよう，ストレスチェックの受検・結果出力等を無料で実施できるプログラムが提供されています。

―実施プログラムの機能―

① 労働者が画面でストレスチェックを受けることができる機能（「職業性ストレス簡易調査票」の57項目・23項目から選択）

② 労働者の受検状況を管理する機能

③ 労働者が入力した情報に基づき，あらかじめ設定した判定基準に従って，自動的に高ストレス者を判定する機能

④ 個人のストレスチェック結果を出力する機能

⑤ あらかじめ設定した集団ごとに，ストレスチェック結果を集計・分析する機能（「仕事のストレス判定図」の作成）

⑥ 集団ごとの集計・分析結果を出力する機能

⑦ 労働基準監督署へ報告する情報を表示する機能

　このプログラムを利用する場合の留意点は次のとおりです。

・このプログラムを利用する場合でも，衛生委員会等で実施方法等を審議したうえで決定し，規程を定める必要があります。

・このプログラムは実施者や実施事務従事者が取扱うものであり，ログインパスワードやファイルの保存パスワードは厳密に管理し，実施者や実施事務従事者以外の者に知られないようにする必要があります。

・このプログラムで高ストレスと判定された者に対して面接指導を受ける必要があるか否かは実施者が確認する必要があるため，このプログラムで高ストレスと判定された者を自動的に面接指導対象者とすることはできません。

・このプログラムには，ストレスチェック結果の事業者への提供について労働者の同意の有無を確認する機能はありません。

・このプログラムは，面接指導の機能はありません。

・このプログラムは，事業場等のイントラネットへ設置することを想定しているため，インターネットを経由した実施や，スマートフォンを利用することはできません。

※今後，機能等が変更される可能性があります。

【産業医以外の実施者の選定】

> **Q9** 事業場で選任している産業医がストレスチェック実施者として契約ができないことになってしまいましたがどうすればよいのでしょうか。

A9 指針では事業場の状況を日頃から把握している産業医がストレスチェックの実施者となることが望ましいとされていますが，産業医以外の医師等の外部機関へ実施を委託することも可能です。

その際には「外部機関委託チェックリスト」を活用する等の方法により委託先が適切な体制でストレスチェック，面接指導等が行われるかについて確認することが必要となります。

なお，外部機関から提案された調査票や高ストレス者の選定基準については衛生委員会等で調査審議を行う必要があります。

＜巻末資料：厚生労働省「外部機関にストレスチェック及び面接指導の実施を委託する場合のチェックリスト例」＞

【共同実施者】

Q 10 ストレスチェックの実施と面接指導の可否判断を外部に委託し，集団ごとの分析は産業医が行う等，実施者が行う業務を複数の実施者で分担して行うことは可能でしょうか。

A 10 複数の実施者が「共同実施者」としてストレスチェックに携わることが可能です。なお，ストレスチェックや面接指導は，事業場の状況を日頃から把握している産業医が実施することが望ましいとされているため，ストレスチェックの実施を外部機関に委託する場合でも，産業医が共同実施者として関与し，ストレスチェックの結果を把握するなど，外部機関と産業医が密接に連携することが望ましいとされています。

産業医が実施者とならない場合，個人ごとのストレスチェックの結果は労働者の同意がなければ産業医が把握することはできず，適切な対応を行うことが困難となる可能性があります。

【高ストレス者の選定基準の決定方法】

Q 11　高ストレス者の選定基準は事業場として具体的にどのように決定すればよいのでしょうか。

A 11　高ストレス者として選定する者の要件については，P 14の要件①または②とされていますが，具体的な基準は事業者が決定するものとされています。

「職業性ストレス簡易調査票（57項目）」（P 12）によりストレスチェックを実施する場合にはマニュアルにおいて次のような基準が示されています（例示であり，基準の決定はあくまで事業者）。

(1)　合計点数を使う方法

調査票の各質問項目への回答の点数を，単純に合計して得られる点数を基準とし判定します。合計点数で判断するだけですので判定は容易となります。

㋐　「心身のストレス反応」（29項目）の合計点数（※ストレスが高い方を4点，低い方を1点）を算出し，合計点数が77点以上の者を高ストレスとします。

㋑　「仕事のストレス要因」（17項目）および「周囲のサポート」（9項目）の合計点数（※）を算出し，合計点数が76

点以上で，かつ「心身のストレス反応」の合計点数が63点以上の者を高ストレスとします。

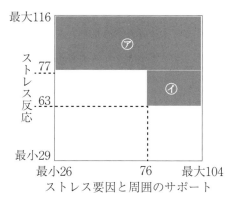

※⑦または①のいずれかに該当する者を高ストレス者と評価します。

⑵　素点換算表を使う方法

　調査票の各質問項目への回答の点数を，素点換算表により尺度ごとの5段階評価に換算し，その評価点の合計点（または平均点）を基準に判定します。計算の方法が複雑なため，使いにくいといった欠点がありますが，尺度ごとの評価が考慮された方法です。

⑦　「心身のストレス反応」（29項目）の6尺度（活気，イライラ感，不安感，抑うつ感，疲労感，身体愁訴）について，素点換算表により5段階評価（※ストレスの高い方が1点，低い方が5点）に換算し，6尺度の合計点が12点以下（平均点が2.00点以下）の者を高ストレスとします。

⑦ 「仕事のストレス要因」（17項目）の9尺度（仕事の量，仕事の質，身体的負担度等）および「周囲のサポート」（9項目）の3尺度（上司からのサポート，同僚からのサポート等）の計12尺度について，素点換算表により5段階評価（※）に換算し，12尺度の合計点が26点以下（平均点が2.17点以下）で，かつ「心身のストレス反応」の6尺度の合計点が17点以下（平均点が2.83点以下）の者を高ストレスとします。

合計点（平均点）

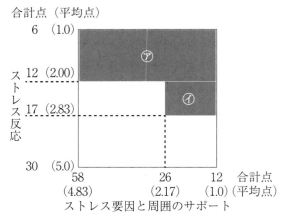

※⑦または⑦のいずれかに該当する者を高ストレス者と評価します。

素点換算表（職業性ストレス簡易調査票 57 項目を用いる場合）

尺度	計算（No.は質問項目番号）	得点	男性					女性				
			低い／少い	やや低い／少い	普通	やや高い／多い	高い／多い	低い／少い	やや低い／少い	普通	やや高い／多い	高い／多い
			上段：質問項目合計得点　下段は分布(n=15,933)					上段：質問項目合計得点　下段は分布(n=8,447)				
【ストレスの原因と考えられる因子】												
心理的な仕事の負担（量）	15-(No.1+No.2+No.3)		3-5	6-7	8-9	10-11	12	3-4	5-6	7-9	10-11	12
			7.2%	18.9%	40.8%	22.7%	10.4%	6.6%	20.4%	51.7%	15.6%	5.8%
心理的な仕事の負担（質）	15-(No.4+No.5+No.6)		3-5	6-7	8-9	10-11	12	3-4	5-6	7-8	9-10	11-12
			4.5%	20.6%	43.4%	25.7%	5.7%	4.9%	17.5%	38.2%	29.1%	10.3%
自覚的な身体的負担度	5-No.7		1	2	3		4	1	2	3		4
			33.8%	39.3%	18.7%		8.2%	37.0%	33.7%	19.7%		9.6%
職場の対人関係でのストレス	10-(No.12+No.13)+No.14		3	4-5	6-7	8-9	10-12	3	4-5	6-7	8-9	10-12
			5.7%	24.8%	47.5%	17.6%	4.5%	7.3%	26.8%	41.0%	18.4%	6.4%
職場環境によるストレス	5-No.15		1	2	3		4	1	2	3		4
			25.1%	38.0%	23.1%		13.8%	17.7%	31.7%	28.8%		21.7%
仕事のコントロール度	15-(No.8+No.9+No.10)		3-4	5-6	7-8	9-10	11-12	3	4-5	6-7	8-9	10-11
			5.4%	16.6%	37.1%	32.4%	8.5%	5.5%	16.0%	48.8%	23.3%	6.3%
技能の活用度	No.11		1	2	3	4		1	2	3	4	
			4.5%	18.2%	49.4%	27.9%		9.1%	26.7%	45.6%	18.6%	
仕事の適性度	5-No.16		1	2	3		4	1	2	3		4
			6.4%	23.3%	54.9%		15.4%	9.3%	25.9%	49.7%		15.1%
働きがい	5-No.17		1	2	3		4	1	2	3		4
			7.3%	24.2%	51.4%		17.0%	13.1%	29.3%	44.5%		13.1%
【ストレスによっておこる心身の反応】												
活気	No.1+No.2+No.3		3	4-5	6-7	8-9	10-12	3	4-5	6-7	8-9	10-12
			10.9%	14.3%	41.6%	24.5%	8.7%	13.4%	19.2%	37.3%	21.3%	8.8%
イライラ感	No.4+No.5+No.6		3	4-5	6-7	8-9	10-12	3	4-5	6-8	9-10	11-12
			10.3%	20.9%	38.2%	22.7%	7.8%	7.6%	18.2%	45.1%	20.3%	8.8%
疲労感	No.7+No.8+No.9		3	4	5-7	8-10	11-12	3	4	5-7	9-11	12
			9.7%	12.2%	47.4%	23.3%	7.4%	6.2%	23.2%	40.1%	23.1%	7.4%
不安感	No.10+No.11+No.12		3	4-5	6-7	8-9	10-12	3	4-5	6-7	8-10	11-12
			8.3%	14.9%	51.9%	17.8%	7.1%	12.3%	15.6%	44.7%	21.6%	5.8%
抑うつ感	No.13～No.18 の合計		6	7-8	9-12	13-16	17-24	6	7-8	9-12	13-17	18-24
			15.1%	21.6%	40.6%	16.2%	6.5%	12.4%	18.9%	39.3%	22.3%	7.2%
身体愁訴	No.19～No.29 の合計		11	12-15	16-21	22-26	27-44	11-13	14-17	18-23	24-29	30-44
			5.3%	31.0%	40.5%	15.9%	7.4%	8.3%	23.6%	38.6%	21.7%	7.8%
【ストレス反応に影響を与える他の因子】												
上司からのサポート	15-(No.1+No.4+No.7)		3-4	5-6	7-8	9-10	11-12	3	4-5	6-7	8-10	11-12
			6.9%	27.0%	32.8%	24.7%	8.7%	7.5%	22.0%	38.9%	26.7%	4.9%
同僚からのサポート	15-(No.2+No.5+No.8)		3-5	6-7	8-9	10-11	12	3-5	6-7	8-9	10-11	12
			8.1%	32.4%	39.9%	16.3%	5.3%	8.1%	31.3%	35.3%	17.9%	7.4%
家族・友人からのサポート	15-(No.3+No.6+No.9)		3-6	7-8	9	10-11	12	3-6	7-8	9	10-11	12
			6.9%	13.9%	20.3%	28.4%	30.6%	4.4%	10.6%	16.0%	28.6%	40.4%
仕事や生活の満足度	10-(No.1+No.2)		2-3	4	5-6	7	8	2-3	4	5-6	7	8
			5.0%	12.3%	57.2%	17.4%	8.1%	6.4%	15.4%	57.8%	15.4%	5.0%

【結果の提供について労働者から同意を得る時期】

Q 12　実施者からストレスチェック結果の提供を受ける場合に労働者から同意を取得するタイミングに制限はあるのでしょうか。

A 12　指針では，ストレスチェックの実施前や実施時には結果の提供についての労働者の同意を取得してはならないとされています。結果が労働者に知らされていない時点で結果の事業者への提供についての同意を取得することは不適当であるためです。

　ストレスチェックの実施後，結果の通知と併せて提供に関する同意の確認書類を同封する等の方法であれば，労働者が結果を見たうえで同意するかの判断ができるため可能となります。

　また，同意の取得方法についても省令で定められており，労働者が個々に同意したことの証拠を残し，客観的に確認できる必要があるため，書面または電磁的記録によって行う必要があります。

　なお，労働者が事業者に対して面接指導の申出を行った場合には，その申出をもって結果の提供に同意がなされたものとみなして差支えないとされています。

【高ストレス者と面接指導の対象者】

Q 13 面接指導を受けることを希望した高ストレス者は医師による面接指導の対象者となるのでしょうか。

A 13 「高ストレス者のうち面接指導の申出があった者＝面接指導対象者」と混同しがちですが，面接指導対象者は高ストレス者の選定のようにあらかじめ基準を定めたうえで自動判定とすることはできません。

　省令では面接指導の対象者か否かの要件は，「検査の結果，心理的な負担の程度が高い者であって，面接指導を受ける必要があると当該検査を行った医師等が認めた者」とされており，事業者は面接指導の申出があった労働者が，面接指導の対象者かどうかを確認するため，労働者からストレスチェック結果を提出させたり，実施者に面接指導の対象者に該当するかを確認する等の方法により要件に該当するかを確認します。

【長時間労働による面接指導との関係】

Q 14 医師による面接指導は長時間労働による面接指導と兼ねて実施してもよいでしょうか。

A 14 長時間労働による面接指導（安衛法66条の8）はその要件を満たす場合，1ヵ月の労働時間の算定期日後遅滞なく（概ね1ヵ月以内）実施することとされていますが，ストレスチェック制度の面接指導の実施時期（申出から概ね1ヵ月以内）と長時間労働による面接指導の実施時期が重なるのであれば，兼ねて実施しても差し支えありません。

ただし，それぞれの労働者に対して医師による確認事項は異なりますので，両方について確認する必要があり，結果の記録や意見書の取扱いについても，それぞれの要件を満たすことが必要となります。

【10人未満の集団ごとの集計・分析】

Q 15 集団ごとの分析結果の活用を考えています
が，10人を下回る規模の部署ばかりの場合
はどのようにすれば良いでしょうか。

A 15 それぞれの部署の規模が10人を下回っていても，
集団ごとの集計・分析は可能です。

　職場環境や組織構成が比較的近い部署を併せて10人以上の
集団と取り扱うことも一案ですが，集団の規模が10人を下回
るものであっても，個々の労働者が特定されるおそれのない
方法であれば集計・分析の結果の提供を受けることもできま
す。例えば，評価点の合計の平均値を求める等により活用方
法を工夫することは可能です。

　どのような方法で集計・分析を実施するかは衛生委員会等
で調査審議して決定します。

【「ストレスチェック」実施促進のための助成金】

Q 16　「ストレスチェック」実施促進のための助成金はどのようなものでしょうか。

A 16　『「ストレスチェック」実施促進のための助成金』（以下「助成金」といいます）は，事業場の所在地が同一の都道府県であり，従業員50人未満の複数の事業場が合同でストレスチェックを実施し，合同で選任した産業医にストレスチェック後の面接指導等の産業医活動の提供を受けた場合に，費用の助成が受けられる制度です。

　この助成金を受けるためには，小規模事業場（産業医の選任義務がない50人未満の事業場）の集団を形成し，あらかじめ労働者健康福祉機構へ届出を行い，支給要件を満たしているかの確認を受ける必要があります。

　助成の対象と助成金額は，次のとおりとなっています。

助成対象	助成額（上限額）
ストレスチェックの実施	1従業員につき500円
ストレスチェックにかかる産業医活動 ・ストレスチェックの実施についての助言 ・ストレスチェック実施後の面接指導実施 ・ストレスチェック結果の集団分析 ・面接指導の結果についての意見陳述　等	1事業場あたり産業医活動1回につき21,500円（上限3回）

Q&A運用 編

【かかりつけ医での受検】

Q 17 労働者から「近所のかかりつけ医で受検したい」と言われました。この場合でもストレスチェックを受検したことになるのでしょうか。

A 17 健康診断とは異なり，ストレスチェックでは，事業者が指定した実施者以外で受検するという手続きは規定されていません。

このため，事業者が指定した実施者以外で受検した場合，ストレスチェックを受けたこととはなりません。

労働者からの理不尽な要求や誤解による混乱を避けるため，ひいてはストレスチェック制度を有効に活用し，その効果をあげるために，労働者への制度周知をしっかりと行う必要があるでしょう。

【参考】
　実施者とは…
　産業医，保健師または厚生労働大臣が定める研修を修了した看護師もしくは精神保健福祉士をいいます（概要解説編Ｐ４参照）。

【ストレスチェックを受検できなかった者①】

Q 18 長期出張のため決められた期間にストレスチェックを受検することができなかった者がいます。この場合どのように取り扱うべきでしょうか。

A 18 業務上の都合や，やむを得ない理由でストレスチェックを受検できなかった者に対しては，別途受検の機会を設ける必要があります。

帰任後一定期間内であれば受検できる等ルールを決めておく必要があります。

ちなみに，海外の現地法人等に雇用されている者は日本の法律（安衛法等）が適用されないためストレスチェックの実施義務がありません。

【ストレスチェックを受検できなかった者②】

> **Q 19** 　現在長期休職中でストレスチェックを受検することができない者がいます。この場合どのように取り扱うべきでしょうか。

A 19 　あきらかに受検できない場合や，休職理由がメンタル疾患等で受検する意味がない場合はストレスチェックを実施しなくても問題ありません。

　ストレスチェックでは，メンタルヘルス不調を未然に防止すること，いわゆる一次予防が大きな目的になるわけですが，ご質問の長期休職がメンタル疾患の場合，すでに一次予防の段階を過ぎてしまっていることになるため，二次予防や三次予防の対策が必要となるわけです。

○メンタルヘルス対策３つの予防
　　一次予防　　メンタルヘルス不調を未然に防止
　　二次予防　　メンタルヘルス不調の早期発見と適切な対応
　　三次予防　　メンタルヘルス不調者の職場復帰支援

　ちなみに，定期健康診断を実施すべき時期に，労働者が休業中の場合でも定期健康診断を実施しなくても差し支えありません。ただし，休業終了後，速やかに当該労働者に対し，定期健康診断を実施しなければなりません。

【独自のストレスチェック】

Q 20 安衛法に基づくストレスチェック制度以外にすでに独自のストレスチェック制度を定期的に実施していましたが，この制度をストレスチェック制度の代替制度とすることはできるのでしょうか。

A 20 事業者が独自に実施するストレスチェックについては，それが安衛法のストレスチェックの定義に該当する検査を実施する場合は，個人情報の取扱い，実施者の範囲等を含め法令に即した制度でなければなりません。

調査や問診の内容が法的な検査項目の制約を受けない場合においても，本人の同意を取らずにその結果を事業者が把握することは望ましくないとされているため，独自のストレスチェック制度運用には注意が必要です。

【複数の高ストレス者の選定基準】

Q 21　　技術職と事務職がいますが，事務職からストレスに関する相談を多く受けています。

　　高ストレス者の選定にあたり，技術職と事務職それぞれの基準を設定しても構わないでしょうか。

A 21　　高ストレス者の選定基準を，職種毎に設定することは問題ありません。

　同じ事業場でも職種が全く異なることもあり，高ストレス者を選定する基準が全て一律という方に無理があるのかもしれません。

　ただし，その選定基準は，各事業場の衛生委員会等で調査審議した上で決定する必要があります。

　基準の設定にあたっては，ストレスチェック制度の運用が軌道に乗り，幾度かの集団的分析結果等により各事業場や職種毎の傾向が掴めるようになると，より適正な基準設定の拠りどころになるものと思われます。

【受検率が低い場合の行政指導】

Q 22 ストレスチェックの受検率が低く望ましい状況ではありませんが，これをもって労働基準監督署から指導されるといったことがあるのでしょうか。

A 22 労働基準監督署への報告は，ストレスチェック制度の実施状況を把握するためのものであり，ストレスチェックの受検率が低いことをもって指導されるということはありません。

とはいえ，一次予防の仕組みや機能を充実させるという制度趣旨も踏まえ，受検率を高めるための施策を衛生委員会等で検討されてみてはいかがでしょうか。

【調査票の記載に不備がある場合】

Q 23 ストレスチェックを外部機関に委託していますが，とある労働者の回答に不備があったようです。この場合外部機関が当該労働者に調査票を直接送り返して書き直してもらう方がよいのでしょうか。

A 23 ストレスチェックの回答に不備があれば，正確な評価ができず一次予防の効果が得られなく可能性も考えられます。したがって，適宜やりとりすることはあり得ます。ただし，回答を本人以外の者に見られないようにするなど情報管理には留意する必要があります。

【参考】
プライバシーの保護

事業者がストレスチェック制度に関する労働者の秘密を不正に入手するようなことがあってはなりません。

・実施者とその補助をする実施事務従事者には，法律で守秘義務が課され，違反した場合は刑罰の対象となります。
・事業者に提供されたストレスチェック結果や面接指導結果などの個人情報は，適切に管理し，社内で共有する場合にも，必要最小限の範囲にとどめましょう。

【結果の提供に同意が無い場合の対応】

Q 24 高ストレス者について事業者への結果提供の同意が無く，実施者のみが結果を保有している場合に，事業者として面接指導以外の保健指導等を行わなければならないのでしょうか。

A 24 法的には保健指導等の実施が義務付けられているものではありませんが，高ストレスの状態で放置されないように相談窓口機能を充実させる等の対策を行うべきと考えます。

各事業場においては，管理職を中心に相談がしやすい環境づくりを行うと同時に，窓口担当者としての教育訓練を実施すべきでしょう。

【参考】

相談窓口

メンタルヘルスに関する相談のみならず，ハラスメントの相談や裁量労働制の苦情相談，パート社員の雇用条件等の確認等…

昨今では，事業場内における相談窓口機能の充実が必須となっています。

現場を任される管理職はこういった窓口機能も果たしていかなければなりません。

管理職の対応

　管理職は，労働者の相談に対応し，必要に応じて産業医，人事労務管理担当者，あるいは事業者と契約している医療機関の医師に相談するよう勧める等の対応が想定されます。

　なお，相談対応にあたって，労働者のプライバシーに配慮し，労働者から聴いて知った個人情報については原則，本人の了解を得た上で他に伝える等の配慮が必要となります。

【退職者のストレスチェック結果の取扱い】

Q 25 　退職した後に，当該労働者のストレスチェック結果について，提供してほしいと実施者に要求した場合，その結果は本人の同意を取らずに提供してもらえるのでしょうか。

A 25 　本人が退職した後も，個人情報としての取扱いは変わりませんので，実施者が事業者に提供する場合は，本人の同意を取る必要があります。

【参考】

退職者の個人情報

　ストレスチェック結果のみならず，一定期間の保存を定めた法令との関係に留意しつつも，利用目的を達成した部分についてはその時点で，写しも含め，返却，破棄または削除を適切かつ確実に行うことが求められています。仮に利用目的達成後も保管する状態が続く場合には，目的外利用は許されておらず，また，その後も継続して安全管理措置を講じなければなりません。

　ちなみに，退職者の転職先または転職予定先に対し当該退職者の個人情報を提供することは第三者提供に該当するため，あらかじめ本人の同意を得なければならないとされています。

【委任先変更と結果の記録，保存】

Q 26 　ストレスチェックの実施を外部機関に委託していますが，現在の委託先を変更することになりました。この場合，記録の保存先はどうなるのでしょうか。

A 26 　外部機関の委託先が変われば，それぞれの外部機関が実施した分のストレスチェック結果をそれぞれの機関で保存することになります。

　なお，外部委託した場合でも事業場の産業医が共同実施者になっていれば，その産業医が保存することも可能です。

　もちろん産業医の他に実施事務従事者がいれば，その者が保存することも可能です。

【参考】
外部実施機関とは

主にEAP企業等が想定されます。

・EAP：Employee Assistance Programの略で労働者支援プログラムのこと

・EAP企業：労働者のメンタルヘルスに関するサービスを提供している企業

外部実施機関の選定

　外部実施機関の選定にあたっては，慎重に検討する必要があります。少なくとも以下の内容については事前に確認しておくべきでしょう。

　　・ストレスチェック制度についての理解が充分か
　　・実施体制が整っているか
　　・ストレスチェックの調査票・評価方法および実施方法は明確か
　　・ストレスチェック実施後の対応は明確か
　　・面接指導の実施方法は明確か
　　・面接指導実施後の対応は明確か

　詳細は，巻末資料「外部機関にストレスチェック及び面接指導の実施を委託する場合のチェックリスト例」を参照ください。

【高ストレス者に該当しない者からの面接指導の申出】

Q 27 ストレスチェックでは高ストレス者にも該当せず，面接指導対象者と選定されなかった労働者が面接指導を申し出てきました。どうすればよいのでしょうか。

A 27 面接指導を実施する対象者としての要件に該当しなかった労働者から申し出があった場合，法的には事業者に面接指導を行う義務はありません。

しかしながら，実務上は事業者の対応として次の3つの選択肢が想定されます。こういった場合のために事前に取り扱いを定めておくべきでしょう。

	メリット	デメリット
①面接指導を受けさせる	・本人の申出を重視する ・ストレスチェックの補完的意義がある	・選定基準があいまいになる ・高ストレス状態かどうか信ぴょう性に欠ける
②申出を断る	・制度の運用を厳格化 ・法令基準で明確化	・高ストレス者であっても見落とされる可能性がある ・労働者の不安感，不信感につながる
③メンタルヘルス相談窓口へつなぐ	・気軽に相談できる ・ガス抜きの効果がある	・窓口が医師等でない場合もあり，ケースによっては対応や改善に時間がかかる ・個別対応になる

【面接指導対象者の絞り込み】

Q 28 　高ストレス者が思いのほか多数選定されてしまいました。このような場合，実施者の判断のもと面接指導対象者を絞り込んでもよいのでしょうか。

A 28 　面接指導の対象者は，事業場で定めた選定基準に基づいて選定した高ストレス者について，実施者が判断することになります。

　したがって，実施者が補足的に面談を行った場合等については，その面談結果を参考にして対象者を絞り込むことがあり得ますし，高ストレス者全員をその評価結果を実施者が確認の上で面接指導対象者とする場合もあり得ます。

【面接指導実施日程の調整】

Q 29 面接指導を希望するものが多く，面接指導実施医師と日程調整がつかないがどうすればよいでしょうか。

A 29 労働者の申し出から医師の面接指導の実施までは概ね1ヵ月以内と示されています。

面接指導を実施する医師は，面接指導を受ける労働者の所属する事業場の状況を日頃から把握している産業医等が望ましいわけですが，その点にこだわることで実施時期が遅れれば，本来のメンタルヘルス不調を未然に防止するための仕組みとして機能しなくなってしまう恐れもあるため，このようなケースでは代替の医師による実施等は想定しておくべきかと考えます。

【実施者からの情報収集】

> **Q 30** ストレスチェックの結果,「高ストレス者が何人いたか」「面接指導の対象者が何人いたか」のデータを実施者から取得してもよいのでしょうか。

A 30 いわゆる集団内の高ストレス者や面接対象者の人数自体は,個人情報にはあたらないため,事業者による取得に特段の制限はかかりませんので実施者から取得することが可能です。

しかし,人数が限られる事業場等個人が特定されてしまう可能性がある場合は望ましいとは言えませんので,事前に衛生委員会等でその目的,共有範囲,活用方法等について調査審議を行い,その内容について労働者に周知しておく必要があります。

【集団分析結果の活用】

Q 31 集団ごとの集計・分析結果は，どのように活用されるのでしょうか。

A 31 集団ごとの集計・分析結果は，事業場における職場環境の改善につなげるための対策の立案，実行，評価等に活用できます。これはストレスチェック制度の目的の一つでもあります。

具体的には，職場環境の改善に向けた進め方の例が示されています。

① **事業者や衛生委員会等による職場環境改善**

・全社的な計画立案，組織体制の見直し

・心の健康づくり計画の見直し

・管理職教育の企画

・各事業場における具体的な対策実施の支援

② **管理監督者が行う職場環境改善**

それぞれの職場環境を評価し，自主的に対策を立案・実施できるようにすることが必要となります。うまく活用すれば，職場の活性化や部下の定着等にも効果が狙えます。

管理職教育では，集団分析結果の読み方はもちろんのこと，次の内容をしっかりと教育徹底します。

・職場のストレスの内容とその影響

・仕事の量的負担や裁量度合いについて

・過重労働の背景と健康障害

・過重労働に対する社会情勢や法的責任，睡眠や飲酒等の
生活習慣

・コミュニケーション（報連相，話を聴く等会話がしやす
い環境づくり）

③　労働者参加型の職場環境改善

　　ワークショップ等により管理職と労働者が活発な意見を
出し合いながら，職場環境等の評価と改善を検討，実施し
ます。

【集団分析結果と部門の成績評価】

Q 32 集団ごとの集計・分析結果を各部門の成績
評価に使用することはできますか。

A 32 各部門の集計・分析結果は，あくまでメンタル
ヘルス不調を未然に防ぐために活用されるべきで
す。

　例えば，とある部門では集計・分析結果をもとに長時間労
働の抑制に取り組み，成果を上げることで間接的に業績向上
につながったとしても，集計・分析結果自体を取り立てて評
価すべきとは思えません。

　集団ごとの集計・分析が部門の成績評価として適正かどう
かは次のような視点でも検討が必要です。

　　・成績を上げるために，意図的に回答を書き換える等の行
　　　為が起こり得ないか
　　・本来の目的（メンタルヘルス不調を未然に防ぐため）が
　　　見失われる可能性がないか
　　・"運""不運"に左右されるものになっていないか
　　・何をどう評価すべきなのか

【派遣労働者分の労働基準監督署への報告】

Q 33 派遣労働者を受け入れていますが，派遣労働者にもストレスチェックを実施することにしました。

この場合，労働基準監督署に報告する様式には，当該派遣労働者も含めた人数を報告する必要があるでしょうか。

A 33 労働基準監督署への報告は，あくまで義務の対象となっている人数となります。

　したがって派遣先の派遣労働者は報告する人数に含める必要はありません。

　なお，対象外となるパート・アルバイトも同様となります。

【参考】
派遣労働者のストレスチェック制度

　派遣労働者を対象とした派遣先事業場でのストレスチェックの実施においては，派遣元事業者と協議し目的や手順について合意すること，衛生委員会等で個人情報の取扱い方針を定めることが必要です。

【未実施に対する罰則】

Q 34 ストレスチェックを実施しなかった場合には罰則を受けることがあるのでしょうか。

A 34 ストレスチェック制度の実施は事業主に対する義務となりますが，これを怠ったことで直接罰則が科されるものではありません。

強制力がないものと受け取られがちですが，仮にストレスチェック制度を実施していない事業場において，労働者がメンタル疾患になってしまった場合はいかがでしょうか。

安全配慮義務を果たしていない事業主に対しては，不法行為に基づく損害賠償請求や債務不履行に基づく損害賠償請求等の訴訟を提起される可能性もあります。

Q&A 労務管理 編

【ストレスチェックと安全配慮義務】

Q 35 労働者がストレスチェック結果の提供に同意せず，面接指導の申出をしないために，適切な就業上の措置を行うことができず，メンタルヘルス疾患を発症した場合，企業の安全配慮義務についてどのように考えればよいのでしょうか。

A 35 ストレスチェック以外でも日頃の労務管理からメンタルヘルス不調を把握することができるものと考えられるため，結果が把握できないことをもって，メンタルヘルスに関する企業の安全配慮義務が一切なくなるということはありません。

<解説>

労働契約法では，「使用者は，労働契約に伴い，労働者がその生命，身体等の安全を確保しつつ労働することができるよう，必要な配慮をするものとする。」と定められています。

労働者のストレスの状態やメンタルヘルス不調は，業務量や時間外労働の状況，出退勤や仕事振りの変化，身だしなみやコミュニケーションの取り方等の変化でも把握できるものと考えられます。

したがって，ストレスチェックの結果情報が入らないことをもって，企業の安全配慮義務が一切なくなるということはありません。

【実施しなかった場合の法的リスク】

Q 36 ストレスチェックを実施しなかった場合は, 事業者にとってどのようなリスクがあるのでしょうか。

A 36 業務に起因するメンタルヘルス疾患を発症した労働者に対する安全配慮義務違反として, 損害賠償等の責任を問われる可能性が高くなります。

＜解説＞

ストレスチェックの不実施と事業者の責任

　ストレスチェック制度には, 健康診断とは異なり安衛法による罰則規定がなく, ストレスチェックや面接指導を行わないことをもって, ただちに法違反として罰せられることはありません。一方で企業は労働契約に付随して労働者に対する安全配慮義務を負い, 企業において安全配慮義務違反があり, これにより労働者が損害を被った場合は, 労働者に対して損害賠償責任を負うことになります。

　常時50人以上の労働者を使用する事業場には, ストレスチェックの実施が義務付けられています。実施義務のある事業場でストレスチェックを実施せず, 労働者がメンタル系疾患を発症した場合は, 安全配慮義務違反による損害が生じたとして損害賠償責任を問われる可能性が高くなります。ただし, メンタル系疾患の発症が業務に起因するものではなく, ストレスチェックの不実施によるものでもなければ, 損害賠償責任が問われることはないでしょう。

【受検勧奨しない場合のリスク】

Q 37 労働者にストレスチェックの受検義務がないことから，受検しなかった者に受検の勧奨をしない扱いにする予定です。事業者にとって何かリスクがあるでしょうか。

A 37 指針においては，全ての労働者がストレスチェックを受検することが望ましいとされています。ストレスチェック制度の目的から受検の勧奨を行うことが望ましいと考えられます。

<解説>

ストレスチェック制度の目的は，メンタルヘルス不調の一次予防とされ，健診等により早期に発見する二次予防，休業後の職場復帰を支援する三次予防と合わせて，メンタルヘルス対策の総合的な取組みの一つとして位置づけるよう指針において示されています。

ストレスチェックの結果を通して，自らのストレスの状態に気づきを促し，一方で職場環境の改善を進め，メンタルヘルス不調を未然に防止するという制度の目的を考えると，受検義務がないとはいえ，出来る限り全ての労働者が受検するよう働きかけを行うのが望ましいと考えられます。

受検の勧奨をする場合は，誰がどのように行うのか事前に決めておく必要があります。勧奨は，事業者と実施者が行うことができますが，受検しやすい環境をつくることを考慮しましょう。

　具体例としては，一度目は事業者が全労働者向けに通知し，二度目は実施者が全労働者向けまたは未受検者に通知する方法等が考えられます。

【意図的な回答への対応①】

Q 38 受検において，ありのままに回答せず，点数が低くなるように回答する者もいるのではないかと懸念しています。事業者としてどのような対応ができるのでしょうか。

A 38 ストレスチェック制度の取扱ルールを労働者に周知する際に，制度の目的は一次予防であることや，同意がない限りストレスチェック結果の情報は事業者に提供されないことを明確に伝えるようしておきましょう。

＜解説＞

推奨されているストレスチェックの調査票においては，実施マニュアルにおいて評価点の算出方法も示されていますから，点数が低くなるように回答することも可能です。高ストレス者に選定されると人事上の取扱に響くのではないかと懸念されている労働者の方も，少なからずいるものと思われます。

導入にあたり，このような労働者の懸念を払拭させるよう，ストレスチェック制度について労働者に周知する際は，自身のストレス状態について気づきを促し，メンタルヘルス不調を防止することが目的であること，結果は本人が同意した場合に限り事業者に提供される旨を明示しておきましょう。

【意図的な回答への対応②】

Q 39 　当社は，休職前の欠勤期間や休職期間が有給です。ストレスチェックの回答にあたり，意図的に点数が高くなるように回答する者もいるのではないかと懸念しています。事業者としてどのような対応ができるのでしょうか。

A 39 　医師による面接指導の段階では，労働時間や業務負荷等，就業上の措置を検討するうえで必要となる情報が医師に提供されるため，不適切な回答をしても直ちに就業上の措置の対象者になる可能性は低いと思われます。また，就業上の措置を講じる場合は，必ず産業医の意見を聴くことを取扱ルールとして定めておくことも有効です。

＜解説＞

　高ストレス者の選定は，システムによる自動判定としても構わないとされていますが，面接指導の対象者は，実施者が改めて確認・判断することが求められています。

　また，面接指導の対象者となった場合でも，事業主は，あらかじめ面接指導をする医師に対して，対象者の労働時間，労働密度，深夜業の回数および時間数，作業態様や作業負荷の状況等による勤務の状況，職場環境等に関する情報を提供するものとされています。このような取扱いから，就業上の措置の必要性について適切に判断

されるものと考えられます。なお，指針において面接指導の医師は産業医が望ましいとされていますから，面接指導の医師が産業医でない場合でも，就業上の措置を講じるにあたり，産業医の意見を聴く等のプロセスを決めておくことも対策の一つと考えられます。

【高ストレス者ではない者のメンタル不調】

Q 40　最近，体調不良を理由に遅刻や早退することが多く見られる従業員がいます。この者はストレスチェックの結果では，高ストレス者ではない（結果提供の同意あり）ため，何か対応しておく必要があるでしょうか。

A 40　たとえストレスチェックの結果，高ストレス者でなかった場合でも，体調不良の状態が継続している，或いはメンタルヘルス不調の状態が疑われる労働者に対しては，安全配慮義務の観点から産業医等に相談する等の対応が必要です。

＜解説＞

　ストレスチェックの目的は，メンタルヘルス不調の予防であることから，労働者に受検義務や面接指導の受診義務は課せられていません。このような制度だからといって，高ストレス者でない者や未受検者について，健康障害が疑われる場合でも何ら措置を講じなくてよいというわけではありません。

　労働者が体調不良を理由に，遅刻や早退あるいは不就業が続くようなら，産業医への相談や専門医の受診を促し，必要に応じて就業上の措置を講じる等の対応はしておくべきです。これら対応をしないことにより傷病が悪化した等のことがあれば，安全配慮義務が問われる可能性があります。

【面接指導の申出を行わない者への対応】

Q 41 高ストレス者であっても，事業者への情報提供がいやで医師による面接指導の申出を行わない者がでてくると思います。面接指導にも受診義務がありませんが，安全配慮義務の観点から何か対応すべきことがあるでしょうか。

A 41 面接指導の申出がしやすい環境作りを整備することは勿論のこと，高ストレスの状態で放置されることがないよう面接指導の申出窓口以外にも，産業医，保健師等や産業カウンセラー等の心理職が相談対応を行う体制を整備しておくことが考えられます。その他，管理職による労務管理を適切に行うことも安全配慮義務の履行と考えられます。

<解説>

1 面接指導の申出がしやすい環境作り

面接指導の申出はあくまでも本人の選択となりますが，メンタルヘルス不調の予防という制度の目的を果たすためには，面接指導が必要とされた労働者が，できるだけ面接指導の申出をするような環境作りが必要です。

～安心して面接指導の申出が行われるような環境作り～

・ストレスチェック制度の目的（予防）を周知徹底する。

・メンタルヘルス不調に対する偏見がなくなるようメンタルヘルス教育を定期的に継続して実施する。

・各プロセスにおける結果情報等の取扱を明確にする。

・面接指導の申出手続を簡単かつ他者に知られずに行えるようにする（申出先や連絡方法の明確化，日程調整に時間がかからないような仕組み作り等）。

2　相談窓口の整備と対応

面接指導の申出を行わなかった場合でも，高ストレスの状態で放置されることがないよう，申出窓口以外にも結果について相談できる窓口を整備しておくことが望ましいとされています。

想定される相談体制としては，産業医等が相談対応を行うほか，産業医等と連携しながら保健師，看護師若しくは精神保健福祉士または産業カウンセラー若しくは臨床心理士等の心理職による相談窓口が指針において望ましいとされています。

3　相談対応の留意点

上記2の相談窓口が適切に相談を行うには，ストレスチェックの結果把握が必要になると考えられます。しかしながら，実施者や実施事務従事者以外は，結果を把握できないとされていますから，相談窓口担当者が実施者等でない場合には，個別同意が必要になることに注意しましょう。

また，面接指導の申出窓口以外への相談については，特に高ストレス者に対して適切な就業上の措置が講じられるよう，産業医等と連携しながら事業者に就業上の意見が提供されるような体制作りも重要なポイントとなります。

【就業上の措置を講じる場合の留意点】

Q 42 　　法令上求められる手順に従い就業上の措置を決定し，その内容が必要と認められる範囲であっても，短時間勤務や休業を講じる場合，労働者から面接指導の結果を理由とした不利益取扱いだと言われる可能性があると思います。就業上の措置を講じるにあたり，労働者とトラブルにならないようにするためには，どのように点に注意すればよいでしょうか。

A 42 　　医師による面接指導の結果，就業上の措置として短時間勤務や休業する場合もあることについて，制度導入時や面接指導の申出案内の際に必ず説明しておきます。そのうえで，就業上の措置を本人に説明する際に，産業医や面接指導をした医師に同席してもらい，健康管理上の必要性について労働者に納得してもらうようにします。

<解説>
1　結果通知の際の留意点

　　ストレスチェックの実施後，面接指導の対象者に対しては面接指導の申出先や申出方法について通知をすることになります。通知をするにあたり，就業上の措置を講じる際に労働者とトラブル

にならないよう，次の事項を通知書等に記載しておくことが必要
です。
・面接指導を申し出ることにより，結果が事業者に提供されるこ
　と
・健康管理上，必要な場合には就業上の措置として，残業制限・
　短時間勤務・休業等になる場合もあること

2　就業上の措置を決定する際の留意点

　あらかじめ労働者の意見を聴き，十分な話し合いを通じて，労
働者の了解が得られるよう努め，就業上の措置が円滑に進められ
るようにします。

　労働者の意見を聴くにあたっては，必要に応じて産業医等に同
席してもらい，健康管理上，就業措置を講じる必要性について説
明してもらう等，労働者に納得してもらいながら進めることが重
要です。

　また，就業上の措置を講じるにあたり，必要な範囲において管
理職にも情報が提供されることについても予め説明しておきま
しょう。管理職に対しても，就業上の措置の目的や内容等につい
て予め説明しておく必要があります。

【就業上の措置実施後の対応】

Q 43 医師の意見聴取により，就業上の措置として時間外労働を制限することになりました。この後，どのようになるのでしょうか。

A 43 医師からの意見聴取により就業上の措置とその期間を決定した場合は，その期間について時間外労働を制限することになります。措置期間が終了する前に，再度，産業医等の意見を聴いたうえで，制限の解除や制限期間の延長について確認することになります。

＜解説＞

就業上の措置実施後の対応

医師の意見聴取に基づく就業上の措置を講じた後の対応について，安衛法では特段定めがありません。しかしながら，就業上の措置は高ストレス者のストレス状態の改善を目的とするものですから，措置が必要とされる期間後についても，産業医等と連携しながら労働者のストレス状態について確認を行い，状態に見合った必要な措置（制限解除・制限期間の延長等）を講じることが適切な対応と考えられます。

【就業上の措置と不利益変更】

Q 44 医師による面接指導，面接結果に基づく医師からの意見聴取の後，就業上の措置として短時間勤務をすることになりました。これによる減収は，面接指導結果を理由とした不利益な取扱いとなるのでしょうか。

A 44 医師による面接指導を行い，面接結果に基づく必要な措置について医師の意見聴取を行った後に，就業上の措置を講じ，その内容が医師の意見と著しく異なる内容・程度でなければ，面接結果を理由とした不利益な取扱いには当りません。

＜解説＞

面接指導結果を理由とした不利益な取扱い

就業上の措置の実施にあたり，医師による面接指導，面接指導の結果に基づく必要な措置について医師の意見を聴取する等，法令で定められた手順に従わない場合は，面接指導結果を理由とした不利益な取扱いとなります。また，措置の内容が医師の意見と著しく異なる内容や程度等である場合も不利益な取扱いとなります。

したがって，就業上の措置が法的に適切に講じられたものであれば，措置内容によっては休業や短時間勤務等，減収を伴うものもありますが，面接結果を理由とした不利益な取扱いには当りません。

【未受検と不利益な取扱い】

Q 45　ストレスチェックを受検しなかった労働者から，自分が異動を命じられたのは，受検しなかったことによる不利益扱いではないかと主張されないために，どのような対応ができるでしょうか。

A 45　定期異動の前にストレスチェックを実施しない，ストレスチェックの受検の有無は，受検勧奨の目的のみに利用されることを取扱いルールで明確にしておく等の対応が考えられます。

＜解説＞
1　ストレスチェックの未受検と不利益取扱の禁止

　ストレスチェックを受けない労働者に対して，これを理由とした不利益な取扱いは禁止されています。指針において示されている例は，法的に受検義務のない制度でありながら，就業規則において未受検の者を懲戒処分にする規定を定めていることが挙げられています。

　不利益取扱いで想定されていることは，ストレスチェック制度を利用した事業者側の人事権の濫用ですが，実際の労務管理の場面では，異動，降格，降給，雇止め等を行う際にも，労働者からストレスチェック制度に関連した不利益取扱いであると主張され

る可能性があります。

2　不利益取扱いを主張されないための対策

（1）実施時期による対応

　　ストレスチェックの未受検と不利益取扱いを関連づけさせな
いよう，定期異動，昇降格，給与改定の前にストレスチェック
を実施しない扱いが考えられます。

　　毎年4月にこれら人事が行われる場合は，その後に実施する
等，ストレスチェックの実施時期を工夫することで対応するこ
とができます。

　　また，受検対象となる有期労働契約者が一定数いる場合は，
契約期間を合わせることにより，上記同様に実施時期を工夫し
て雇止めとの関連づけを避けることができます。

（2）その他

　　ストレスチェックの受検の有無に関する情報は，事業者が入
手することができます。ストレスチェック制度の取扱ルールを
定める場合に，事業者が入手する受検情報は，受検勧奨にのみ
利用されることを明確に定めておくことも，労働者からの誤解
や理不尽な要求を避けるための対策として考えられます。

【ストレスチェック制度を活用したメンタルヘルス対策】

> **Q 46** ストレスチェック制度の導入にあたり，事業者としてメンタルヘルス対策をより実効性のあるものにするには，どのような事をすればよいでしょうか。

A 46 ストレスチェック制度の導入により，労働者自身のセルフケアに対する意識が高まります。セルフケア研修等を継続して定期的に実施していくことで，予防措置の効果が高まるものと考えられます。

<解説>
セルフケア研修等の見直し（予防措置の充実）

ストレスチェック制度の導入により，労働者自身もセルフケアへの意識が高くなります。関心の高さは研修効果に比例するものと思われます。地道な活動ではありますが，セルフケアの重要性とポイントについて定期的に意識させる機会を設けることは，ストレスチェックと連動してセルフケアに効果のある施策と考えられます。

・メンタルヘルスケアに関する会社方針
・メンタルヘルスケアに関する基礎知識
・ストレスに関する基礎（要因や症状）
・セルフケアの重要性
・ストレスへの予防や対処法
・社内の相談体制等

資料編

ストレスチェック制度実施規程（例）

（注）この規程（例）は、事業場がストレスチェック制度に関する社内規程を作成する際に参考としていただくために、あくまでも一例としてお示しするものです。それぞれの事業場で本規程（例）を参考に、実際に規程を作成する際には、社内でよく検討し、必要に応じて加除修正するなどし、事業場の実態に合った規程を作成していただくようお願いします。

第1章　総則

（規程の目的・変更手続き・周知）

第1条　この規程は、労働安全衛生法第66条の10の規定に基づくストレスチェック制度を株式会社＿＿＿＿＿＿＿において実施するに当たり、その実施方法等を定めるものである。

2　ストレスチェック制度の実施方法等については、この規程に定めるほか、労働安全衛生法その他の法令の定めによる。

3　会社がこの規程を変更する場合は、衛生委員会において調査審議を行い、その結果に基づいて変更を行う。

4　会社は規程の写しを社員に配布又は社内掲示板に掲載することにより、適用対象となる全ての社員に規程を周知する。

（適用範囲）

第2条　この規程は、次に掲げる株式会社＿＿＿＿＿＿＿の全社員及び派遣社員に適用する。

一　期間の定めのない労働契約により雇用されている正社員

二　期間を定めて雇用されている契約社員

三　パート・アルバイト社員

四　人材派遣会社から株式会社＿＿＿＿＿＿＿に派遣されている派遣社員

（制度の趣旨等の周知）

第3条　会社は、社内掲示板に次の内容を掲示するほか、本規程を社員に配布又は社内掲示板に掲載することにより、ストレスチェック制度の趣旨等を社員に周知する。

一　ストレスチェック制度は、社員自身のストレスへの気付き及びその対処の支援並びに職場環境の改善を通じて、メンタルヘルス不調となることを未然に防止する一次予防を目的としており、メンタルヘルス不調者の発見を一義的な目的とはしないものであること。

二　社員がストレスチェックを受ける義務まではないが、専門医療機関に通院中などの特別な事情がない限り、全ての社員が受けることが望ましいこと。

三　ストレスチェック制度では、ストレスチェックの結果は直接本人に通知され、本人の同意なく会社が結果を入手するようなことはないこと。したがって、ストレス

チェックを受けるときは、正直に回答することが重要であること。

　四　本人が面接指導を申し出た場合や、ストレスチェックの結果の会社への提供に同意した場合に、会社が入手した結果は、本人の健康管理の目的のために使用し、それ以外の目的に利用することはないこと。

第2章　ストレスチェック制度の実施体制

（ストレスチェック制度担当者）

第4条　ストレスチェック制度の実施計画の策定及び計画に基づく実施の管理等の実務を担当するストレスチェック制度担当者は、＿＿＿＿課職員とする。

2　ストレスチェック制度担当者の氏名は、別途、社内掲示板に掲載する等の方法により、社員に周知する。また、人事異動等により担当者の変更があった場合には、その都度、同様の方法により社員に周知する。第5条のストレスチェックの実施者、第6条のストレスチェックの実施事務従事者、第7条の面接指導の実施者についても、同様の扱いとする。

（ストレスチェックの実施者）

第5条　ストレスチェックの実施者は、会社の産業医及び保健師の2名とし、産業医を実施代表者、保健師を共同実施者とする。

（ストレスチェックの実施事務従事者）

第6条　実施者の指示のもと、ストレスチェックの実施事務従事者として、衛生管理者及び＿＿＿課職員に、ストレスチェックの実施日程の調整・連絡、調査票の配布、回収、データ入力等の各種事務処理を担当させる。

2　衛生管理者又は＿＿＿課の職員であっても、社員の人事に関して権限を有する者（課長、調査役、＿＿＿＿）は、これらのストレスチェックに関する個人情報を取り扱う業務に従事しない。

（面接指導の実施者）

第7条　ストレスチェックの結果に基づく面接指導は、会社の産業医が実施する。

第3章　ストレスチェック制度の実施方法

第1節　ストレスチェック

（実施時期）

第8条　ストレスチェックは、毎年＿＿＿月から＿＿＿月の間のいずれかの1週間の期間を部署ごとに設定し、実施する。

（対象者）

第9条　ストレスチェックは、派遣社員も含む全ての社員を対象に実施する。ただし、派遣社員のストレスチェック結果は、集団ごとの集計・分析の目的のみに使用する。

2　ストレスチェック実施期間中に、出張等の業務上の都合によりストレスチェックを受けることができなかった社員に対しては、別途期間を設定して、ストレスチェックを実施する。

3　ストレスチェック実施期間に休職していた社員のうち、休職期間が1月以上の社員については、ストレスチェックの対象外とする。

（受検の方法等）

第10条　社員は、専門医療機関に通院中などの特別な事情がない限り、会社が設定した期間中にストレスチェックを受けるよう努めなければならない。

2　ストレスチェックは、社員の健康管理を適切に行い、メンタルヘルス不調を予防する目的で行うものであることから、ストレスチェックにおいて社員は自身のストレスの状況をありのままに回答すること。

3　会社は、なるべく全ての社員がストレスチェックを受けるよう、実施期間の開始日後に社員の受検の状況を把握し、受けていない社員に対して、実施事務従事者又は各職場の管理者（部門長など）を通じて受検の勧奨を行う。

（調査票及び方法）

第11条　ストレスチェックは、別紙1の調査票（職業性ストレス簡易調査票）を用いて行う。

2　ストレスチェックは、社内 LAN を用いて、オンラインで行う。ただし、社内 LANが利用できない場合は、紙媒体で行う。

（ストレスの程度の評価方法・高ストレス者の選定方法）

第12条　ストレスチェックの個人結果の評価は、「労働安全衛生法に基づくストレスチェック制度実施マニュアル」（平成27年5月　厚生労働省労働基準局安全衛生部労働衛生課産業保健支援室）（以下「マニュアル」という。）に示されている素点換算表を用いて換算し、その結果をレーダーチャートに示すことにより行う。

2　高ストレス者の選定は、マニュアルに示されている「評価基準の例（その1）」に準拠し、以下のいずれかを満たす者を高ストレス者とする。

①　「心身のストレス反応」（29項目）の合計点数が 77 点以上である者

②　「仕事のストレス要因」（17項目）及び「周囲のサポート」（9項目）を合算した合計点数が 76 点以上であって、かつ「心身のストレス反応」（29項目）の合計点数が 63 点以上の者

（ストレスチェック結果の通知方法）

第13条　ストレスチェックの個人結果の通知は、実施者の指示により、実施事務従事者が、実施者名で、各社員に電子メールで行う。ただし、電子メールが利用できない場合は、封筒に封入し、紙媒体で配布する。

（セルフケア）

第14条　社員は、ストレスチェックの結果及び結果に記載された実施者による助言・指導に基づいて、適切にストレスを軽減するためのセルフケアを行うように努めなけ

ればならない。

（会社への結果提供に関する同意の取得方法）

第15条　ストレスチェックの結果を電子メール又は封筒により各社員に通知する際に、結果を会社に提供することについて同意するかどうかの意思確認を行う。会社への結果提供に同意する場合は、社員は結果通知の電子メールに添付又は封筒に同封された別紙2の同意書に入力又は記入し、発信者あてに送付しなければならない。

2　同意書により、会社への結果通知に同意した社員については、実施者の指示により、実施事務従事者が、会社の人事労務部門に、社員に通知された結果の写しを提供する。

（ストレスチェックを受けるのに要する時間の賃金の取扱い）

第16条　ストレスチェックを受けるのに要する時間は、業務時間として取り扱う。

2　社員は、業務時間中にストレスチェックを受けるものとし、管理者は、社員が業務時間中にストレスチェックを受けることができるよう配慮しなければならない。

第2節　医師による面接指導

（面接指導の申出の方法）

第17条　ストレスチェックの結果、医師の面接指導を受ける必要があると判定された社員が、医師の面接指導を希望する場合は、結果通知の電子メールに添付又は封筒に同封された別紙3の面接指導申出書に入力又は記入し、結果通知の電子メール又は封筒を受け取ってから30日以内に、発信者あてに送付しなければならない。

2　医師の面接指導を受ける必要があると判定された社員から、結果通知後＿＿＿日以内に面接指導申出書の提出がなされない場合は、実施者の指示により、実施事務従事者が、実施者名で、該当する社員に電子メール又は電話により、申出の勧奨を行う。また、結果通知から30日を経過する前日（当該日が休業日である場合は、それ以前の最後の営業日）に、実施者の指示により、実施事務従事者が、実施者名で、該当する社員に電子メール又は電話により、申出に関する最終的な意思確認を行う。なお、実施事務従事者は、電話で該当する社員に申出の勧奨又は最終的な意思確認を行う場合は、第三者にその社員が面接指導の対象者であることが知られることがないよう配慮しなければならない。

（面接指導の実施方法）

第18条　面接指導の実施日時及び場所は、面接指導を実施する産業医の指示により、実施事務従事者が、該当する社員及び管理者に電子メール又は電話により通知する。面接指導の実施日時は、面接指導申出書が提出されてから、30日以内に設定する。なお、実施事務従事者は、電話で該当する社員に実施日時及び場所を通知する場合は、第三者にその社員が面接指導の対象者であることが知られることがないよう配慮しなければならない。

2　通知を受けた社員は、指定された日時に面接指導を受けるものとし、管理者は、社員が指定された日時に面接指導を受けることができるよう配慮しなければならない。

3　面接指導を行う場所は、＿＿＿＿＿＿とする。

（面接指導結果に基づく医師の意見聴取方法）
第19条　会社は、産業医に対して、面接指導が終了してから遅くとも 30 日以内に、別紙4の面接指導結果報告書兼意見書により、結果の報告及び意見の提出を求める。

（面接指導結果を踏まえた措置の実施方法）
第20条　面接指導の結果、就業上の措置が必要との意見書が産業医から提出され、人事異動を含めた就業上の措置を実施する場合は、人事労務部門の担当者が、産業医同席の上で、該当する社員に対して、就業上の措置の内容及びその理由等について説明を行う。
2　社員は、正当な理由がない限り、会社が指示する就業上の措置に従わなければならない。

（面接指導を受けるのに要する時間の賃金の取扱い）
第21条　面接指導を受けるのに要する時間は、業務時間として取り扱う。

第3節　集団ごとの集計・分析

（集計・分析の対象集団）
第22条　ストレスチェック結果の集団ごとの集計・分析は、原則として、課ごとの単位で行う。ただし、10 人未満の課については、同じ部門に属する他の課と合算して集計・分析を行う。

（集計・分析の方法）
第23条　集団ごとの集計・分析は、マニュアルに示されている仕事のストレス判定図を用いて行う。

（集計・分析結果の利用方法）
第24条　実施者の指示により、実施事務従事者が、会社の人事労務部門に、課ごとに集計・分析したストレスチェック結果（個人のストレスチェック結果が特定されないもの）を提供する。
2　会社は、課ごとに集計・分析された結果に基づき、必要に応じて、職場環境の改善のための措置を実施するとともに、必要に応じて集計・分析された結果に基づいて管理者に対して研修を行う。社員は、会社が行う職場環境の改善のための措置の実施に協力しなければならない。

第4章　記録の保存

（ストレスチェック結果の記録の保存担当者）
第25条　ストレスチェック結果の記録の保存担当者は、第6条で実施事務従事者として規定されている衛生管理者とする。

100

（ストレスチェック結果の記録の保存期間・保存場所）

第２６条　ストレスチェック結果の記録は、会社のサーバー内に５年間保存する。

（ストレスチェック結果の記録の保存に関するセキュリティの確保）

第２７条　保存担当者は、会社のサーバー内に保管されているストレスチェック結果が第三者に閲覧されることがないよう、責任をもって閲覧できるためのパスワードの管理をしなければならない。

（事業者に提供されたストレスチェック結果・面接指導結果の保存方法）

第２８条　会社の人事労務部門は、社員の同意を得て会社に提供されたストレスチェック結果の写し、実施者から提供された集団ごとの集計・分析結果、面接指導を実施した医師から提供された面接指導結果報告書兼意見書（面接指導結果の記録）を、社内で５年間保存する。

2　人事労務部門は、第三者に社内に保管されているこれらの資料が閲覧されることがないよう、責任をもって鍵の管理をしなければならない。

第５章　ストレスチェック制度に関する情報管理

（ストレスチェック結果の共有範囲）

第２９条　社員の同意を得て会社に提供されたストレスチェックの結果の写しは、人事労務部門内のみで保有し、他の部署の社員には提供しない。

（面接指導結果の共有範囲）

第３０条　面接指導を実施した医師から提供された面接指導結果報告書兼意見書（面接指導結果の記録）は、人事労務部門内のみで保有し、そのうち就業上の措置の内容など、職務遂行上必要な情報に限定して、該当する社員の管理者及び上司に提供する。

（集団ごとの集計・分析結果の共有範囲）

第３１条　実施者から提供された集計・分析結果は、人事労務部門で保有するとともに、課ごとの集計・分析結果については、当該課の管理者に提供する。

2　課ごとの集計・分析結果とその結果に基づいて実施した措置の内容は、衛生委員会に報告する。

（健康情報の取扱いの範囲）

第３２条　ストレスチェック制度に関して取り扱われる社員の健康情報のうち、診断名、検査値、具体的な愁訴の内容等の生データや詳細な医学的情報は、産業医又は保健師が取り扱わなければならず、人事労務部門に関連情報を提供する際には、適切に加工しなければならない。

第６章　情報開示、訂正、追加及び削除と苦情処理

（情報開示等の手続き）

第３３条 社員は、ストレスチェック制度に関して情報の開示等を求める際には、所定の様式を、電子メールにより_____課に提出しなければならない。

（苦情申し立ての手続き）
第３４条 社員は、ストレスチェック制度に関する情報の開示等について苦情の申し立てを行う際には、所定の様式を、電子メールにより_____課に提出しなければならない。

（守秘義務）
第３５条 社員からの情報開示等や苦情申し立てに対応する_____課の職員は、それらの職務を通じて知り得た社員の秘密（ストレスチェックの結果その他の社員の健康情報）を、他人に漏らしてはならない。

第７章　不利益な取扱いの防止

（会社が行わない行為）
第３６条 会社は、社内掲示板に次の内容を掲示するほか、本規程を社員に配布することにより、ストレスチェック制度に関して、会社が次の行為を行わないことを社員に周知する。

一　ストレスチェック結果に基づき、医師による面接指導の申出を行った社員に対して、申出を行ったことを理由として、その社員に不利益となる取扱いを行うこと。

二　社員の同意を得て会社に提供されたストレスチェック結果に基づき、ストレスチェック結果を理由として、その社員に不利益となる取扱いを行うこと。

三　ストレスチェックを受けない社員に対して、受けないことを理由として、その社員に不利益となる取扱いを行うこと。

四　ストレスチェック結果を会社に提供することに同意しない社員に対して、同意しないことを理由として、その社員に不利益となる取扱いを行うこと。

五　医師による面接指導が必要とされたにもかかわらず、面接指導の申出を行わない社員に対して、申出を行わないことを理由として、その社員に不利益となる取扱いを行うこと。

六　就業上の措置を行うに当たって、医師による面接指導を実施する、面接指導を実施した産業医から意見を聴取するなど、労働安全衛生法及び労働安全衛生規則に定められた手順を踏まずに、その社員に不利益となる取扱いを行うこと。

七　面接指導の結果に基づいて、就業上の措置を行うに当たって、面接指導を実施した産業医の意見とはその内容・程度が著しく異なる等医師の意見を勘案し必要と認められる範囲内となっていないものや、労働者の実情が考慮されていないものなど、労働安全衛生法その他の法令に定められた要件を満たさない内容で、その社員に不利益となる取扱いを行うこと。

八　面接指導の結果に基づいて、就業上の措置として、次に掲げる措置を行うこと。
①　解雇すること。
②　期間を定めて雇用される社員について契約の更新をしないこと。

③　退職勧奨を行うこと。
④　不当な動機・目的をもってなされたと判断されるような配置転換又は職位（役職）の変更を命じること。
⑤　その他の労働契約法等の労働関係法令に違反する措置を講じること。

附則

（施行期日）
第1条　この規程は、平成＿＿＿年＿＿＿月＿＿＿日から施行する。

外部機関にストレスチェック及び面接指導の実施を委託する場合のチェックリスト例
（委託する内容に応じて関連する部分を利用すること）

ストレスチェック制度についての理解

☑ ストレスチェックの目的が主に一次予防にあること、実施者やその他の実施事務従事者に対して、労働安全衛生法第 104 条に基づく守秘義務が課されること、本人の同意なくストレスチェック結果を事業者に提供することが禁止されていること等を委託先が理解しているか。

☑ 実施者やその他の実施事務従事者となる者に対して、研修を受けさせる等により、これらの制度の仕組みや個人情報保護の重要性について周知し、理解させているか。

☑ 外部機関と当該事業場の産業医等が密接に連携することが望ましいことを理解してしているか。

実施体制

☑ 受託業務全体を管理するための体制が整備されているか（全体の管理責任者が明確になっているか）。

☑ 受託業務を適切に実施できる人数の下記の者が確保され、かつ明示されているか。また、下記の者がストレスチェック制度に関する十分な知識を有しているか。
- ○ ストレスチェックの実施者として必要な資格を有する者
- ○ ストレスチェック結果に基づいて面接指導を行う産業医資格を有する医師
- ○ 実施者や医師の指示に基づいてストレスチェックや面接指導の実施の補助業務を行う実施事務従事者

☑ 実施事務従事者の担当する業務の範囲は必要な範囲に限定され、また明確になっているか。

☑ ストレスチェックや面接指導に関して、労働者からの問い合わせに適切に対応できる体制が整備されているか。

☑ 実施者やその他の実施事務従事者が、必要に応じて委託元の産業保健スタッフと綿密に連絡調整を行う体制が取られているか。

ストレスチェックの調査票・評価方法及び実施方法

☑ ストレスチェックに用いる調査票の選定、評価方法及び高ストレス者の選定基準の決定についての提案等を明示された実施者が行うこととなっているか。

（調査票）

☑ 提案されるストレスチェックに用いる調査票は法令の要件（ストレス要因、心身

のストレス反応及び周囲のサポートの3領域を含むものか等）を満たすか。

☑ 国が示す標準的な 57 項目の調査票又は 23 項目の簡易版以外の調査票を用いる場合は、科学的な根拠が示されているか。

（評価方法）

☑ 提案されるストレスチェック結果の評価方法及び高ストレス者の選定方法・基準は法令の要件を満たすか。

☑ 提案されるストレスチェック結果の評価方法及び高ストレス者の選定方法・基準は分かりやすく労働者に開示されるか。

（実施方法）

☑ 調査票の記入・入力、記入・入力の終わった調査票の回収等が、実施者やその他の実施事務従事者及び労働者本人以外の第三者に見られないような状態で行える方法が取られるか。ICT を用いて行う場合は、実施者及び労働者本人以外の第三者に見られないようなパスワード管理、不正アクセス等を防止するセキュリティ管理が適切に行われるか。

☑ 実施者が受検者全員のストレスチェック結果を確認し、面接指導の要否を判断する体制が取られるか。

☑ 高ストレス者の選定に当たり、調査票に加えて補足的に面談を行う場合、当該面談を行う者は、医師、保健師等の適切な国家資格保有者であるか、又は臨床心理士、産業カウンセラー等の心理専門職となるか。また、当該面談は実施者の指示の下に実施する体制が取られるか。

☑ 労働者の受検の状況を適切に把握し、事業者からの求めに応じて、受検状況に関する情報を提供できる体制が取られるか。

☑ 集団ごとの集計・分析を行い、わかりやすく結果を示すことができるか。その際、集団ごとの集計・分析の単位は、回答者 10 人以上となるか。

ストレスチェック実施後の対応

☑ ストレスチェック結果の通知は、実施者やその他の実施事務従事者及び労働者本人以外の第三者に知られることのない形で、直接本人にされる方法がとられるか。

☑ 本人に通知する内容は、①ストレスの特徴や傾向を数値、図表等で示したもの、②高ストレスの該当の有無、③面接指導の要否など、法令に定められた内容を網羅するものとなるか。

☑ 面接指導が必要な労働者に対して、実施者やその他の実施事務従事者及び労働者本人以外の第三者に分からないような適切な方法で面接指導の申出を促す体制がとられるか。

☑ ストレスチェックの結果、緊急に対応が必要な労働者がいる場合に、委託元の産

業保健スタッフを通じた事業者との連絡調整を含め、適切に対応できる体制が取られるか。

☑ ストレスチェックの結果を事業者に通知することについての同意の取得方法について、法令に則った方法になるか（事前や実施時に同意を取得するような不適切な方法が取られないか）。

☑ 実施者又はその他の実施事務従事者が結果の記録を5年間保存するための具体的な方法が明示され、そのために必要な施設、設備が整備され、実施者及び労働者本人以外の第三者が結果を閲覧できないような十分なセキュリティが確保されるか。

面接指導の実施方法

☑ 面接指導を実施場所はプライバシー保護や労働者の利便性の観点から適切か。

☑ 面接指導を実施するに当たり、事業者から対象となる労働者の労働時間、労働密度、深夜業の回数及び時間数、作業態様、作業負荷の状況等の勤務の状況や職場環境等に関する情報を事業者から入手し、適切に取扱う体制となっているか。

面接指導実施後の対応

☑ 面接指導の結果を事業者に通知するに当たり、就業上の措置を実施するため必要最小限の情報に限定し、診断名、検査値、具体的な愁訴の内容等の生データが提供されることがないような方法が取られるか。

☑ 面接指導の結果、緊急に対応が必要な労働者がいる場合に、委託元の産業保健スタッフを通じた事業者との連絡調整を含め、適切に対応できる体制が取られるか。

おわりに

　改正安衛法施行を目前に控え，数多く発刊されているストレスチェック制度に関する解説書籍の中から本書を手に取っていただいたことに感謝申し上げます。

　「会社の実務担当者のための・・・」の表題のとおり，本書はストレスチェック制度の概要の解説もさることながら，実際に企業でストレスチェック制度の導入に携わる実務者の目線から本制度に関して想定される疑問に答えることを目的として執筆させていただきました。

　特に「Q＆A労務管理編」においては，弊社が日頃よりクライアント企業から受ける人事労務相談の経験に基づき，ストレスチェックに起因した労務管理上の法的リスクとその対応策について労務管理の専門家として企業の人事担当者が取るべき実務面での留意事項を解説していることに本書の価値を見出していただければ幸いです。

　調査結果によると，過去１年間にメンタルヘルス不調が原因で休職や退職を余儀なくされた労働者がいる企業は実に25.8％にも上り，ひとたびメンタルヘルス不調者が発生する

ことで，欠員への新たな人員採用や教育，既存社員の残業増加，上司を始めとする周囲のフォロー，積年のノウハウの低下など企業の損失は想像を超える莫大なものとなります。

　本書が企業にとって貴重な人材をメンタルヘルス不調から守るツールとしてストレスチェック制度を活用していただく一助になれば幸いです。

　本書の発刊にあたり，株式会社泉文堂　佐藤光彦様にはスケジュールの調整等，無理難題にも柔軟にご対応いただき厚く御礼申し上げます。また，執筆期間中の業務面でのサポートや貴重なアドバイスを出していただいたトムズのメンバーに感謝いたします。

平成27年12月

著者

監 修 者 紹 介

河西　知一（かさい・ともかず）
特定社会保険労務士／
社会保険労務士法人トムズコンサルタント　代表社員

大手外資系企業などで財務・人事部門の管理職を経験の後，社会保険労務
士資格を取得し，平成11年にトムズ・コンサルタント株式会社を設立，平
成22年に社会保険労務士法人トムズコンサルタントを設立。労務管理，労
務問題の解決，賃金体系の改定業務を通じて数多くの企業の指導にあたる。
上場企業から中小企業まで幅広く人事労務問題・賃金に関するコンサル
ティングを手掛けている。銀行系総研での明快な講義と懇切な指導には定
評がある。
書著に「モンスター社員への対応策」（泉文堂）など。

社会保険労務士法人トムズコンサルタント
社会保険労務士業務にとどまらず，幅広く人事労務コンサルティングサー
ビスを提供する法人を目指し，平成22年に河西知一が設立。人事労務管理
に関する相談業務を中心に，就業規則等の改訂や人事制度の改定，社内研
修，執筆等，本気で企業の「人」について語れる専門家集団としてコンサ
ルティングサービスを提供。

http://www.tomscons.co.jp

著者紹介

小宮　弘子（こみや・ひろこ）
特定社会保険労務士／
社会保険労務士法人トムズコンサルタント　パートナー社員

大手都市銀行本部および100％子会社で，人事総務部門を経験の後，平成15年にトムズ・コンサルタント㈱に入社，現取締役。平成22年に設立した社労士法人トムズコンサルタントのパートナー社員。人事・労務問題のトラブル解決，諸規程，人事制度の改定をはじめ，社内制度全般のコンサルティングを中心に行う一方，クライアント先のメンタルヘルス・ハラスメント等の相談実績も多数。その他ビジネスセミナーでも人事労務・法改正セミナーを中心に講師としても活躍。

木村　健太郎（きむら・けんたろう）
特定社会保険労務士／社会保険労務士法人トムズコンサルタント

ゼネコン系列不動産管理会社にて営業管理事務・損害保険代理店事務等に従事後に入社。平成26年４月よりエグゼクティブディレクター兼CIOに就任。人事労務相談業務を中心に，賃金制度・評価制度等人事諸制度の改定・構築，就業規則策定等幅広いコンサルティング実績を残し，社内研修講師・セミナー講師として活動の幅を広げている。

中山　祐介（なかやま・ゆうすけ）
社会保険労務士／社会保険労務士法人トムズコンサルタント

大手物流会社にて製造，物流現場等の管理業務に従事。資格取得後，入社。人事労務相談業務を中心に就業規則・社内諸規程の策定，社内研修講師，社会保険・労働保険の諸手続代行業務，給与計算代行業務など人事にかかわる幅広い業務に従事。実務における現場感覚を重視し，多数クライアントのコンサルティングに携わっている。

会社の実務担当者のための

ストレスチェック Q&A

2016年1月15日　初版第1刷発行

監 修 者	河西　知一	
著　　者	小宮　弘子・木村　健太郎・中山　祐介	
発　　売	株式会社　泉文堂	

〒161-0033　東京都新宿区下落合1－2－16
電話　03(3951)9610　FAX　03(3951)6830

印 刷 所	有限会社 山吹印刷所
製 本 所	牧製本印刷株式会社

Ⓒ　河西知一・小宮弘子・木村健太郎・中山祐介　2016
Printed in Japan　（検印省略）

ISBN978－4－7930－0393－6　C3034